Niclas Lahmer

Der Lügendetektor fürs Business

Niclas Lahmer

Der Lügendetektor fürs Business

Der praktische Ratgeber für den Berufsalltag –
so ticken Kollegen, Chefs, Bewerber und Kunden

REDLINE | VERLAG

Bibliografische Information der Deutschen Nationalbibliothek:
Die Deutsche Nationalbibliothek verzeichnet diese Publikation in der Deutschen National-
bibliografie; detaillierte bibliografische Daten sind im Internet über http://d-nb.de abrufbar.

Für Fragen und Anregungen:
info@redline-verlag.de

1. Auflage 2019

© 2019 by Redline Verlag, ein Imprint der Münchner Verlagsgruppe GmbH,
Nymphenburger Straße 86
D-80636 München
Tel.: 089 651285-0
Fax: 089 652096

Alle Rechte, insbesondere das Recht der Vervielfältigung und Verbreitung sowie der Übersetzung, vorbehalten. Kein Teil des Werkes darf in irgendeiner Form (durch Fotokopie, Mikrofilm oder ein anderes Verfahren) ohne schriftliche Genehmigung des Verlages reproduziert oder unter Verwendung elektronischer Systeme gespeichert, verarbeitet, vervielfältigt oder verbreitet werden.

Redaktion: Christiane Otto, München
Lektorat: Bärbel Knill, Landsberg
Umschlaggestaltung: Marc Fischer, München
Umschlagabbildung: shutterstock.com/Macrovector
Satz: Daniel Förster, Belgern
Druck: GGP Media GmbH, Pößneck
Printed in Germany

ISBN Print 978-3-86881-740-9
ISBN E-Book (PDF) 978-3-96267-096-2
ISBN E-Book (EPUB, Mobi) 978-3-96267-097-9

Weitere Informationen zum Verlag finden Sie unter

www.redline-verlag.de

Beachten Sie auch unsere weiteren Verlage unter www.m-vg.de

Für meinen geliebten Vater

Inhalt

Lügen und Täuschungen	9
Achtsamkeit	35
Empathie	43
Psychologie	55
Worte als Instrument	57
Signifikanz	58
Gemeinsamkeiten	60
Dominanz und Ehre	62
Verständnis	65
Komplexere Gefühle verstehen	69
Der Weg zur Wahrheit	73
Respekt	74
Offenheit und Aufrichtigkeit	76
Die Basislinie	79
Die drei Emotionen der Lüge	82
Physiologie	87
Embleme	90
Illustratoren	90
Manipulatoren	91
Quadranten des Körpers	93
Die Füße und Beine	93
Hände und Arme	98
Torso	109
Kopf und Gesicht	114

Dekodierung	135
Die Reid-Technik	136
Die Vergleichsfrage	143
Die hypothetische Frage	144
Die direkte Frage	145
Die Zweckfrage	146
Die offene Frage	147
Die Köderfrage	149
Die Motivfrage	152
Die Bestrafungsfrage	153
Die Rollentauschfrage	154
Falsche Beweise enttarnen	155
Das Interview	159
Nachwort	165
Über den Autor	169
Danksagung	171
Empfohlene Literatur	173
Quellen	175
Anmerkungen	191

Lügen und Täuschungen

*»Der beste Lügner ist der, der mit den wenigsten
Lügen am längsten auskommt.«*

Samuel Butler

Es ist ein sonniger Dienstagmorgen, als Hani und seine Freunde den Washington Dulles International Airport in Virginia betreten. Der American-Airlines-Flug 77 soll heute knappe sechs Stunden dauern und 58 Passagiere nach Los Angeles fliegen. Hani hat sich für diesen Tag besonders herausgeputzt. Er ist frisch rasiert. Seine Kleidung ist gewaschen und gebügelt. Er trägt sein bestes Hemd und sein neues Parfüm. Als er die Sicherheitskontrollen durchläuft, lächelt er. Sein Gepäck wird durchleuchtet und daraufhin freigegeben. Kurz noch der Körperscan, und schon kann die Gruppe zum Gate gehen. Im Duty-free-Shop schlendern sie gemeinsam noch ein wenig umher, bis sie kurze Zeit später den Flieger besteigen. Was danach geschieht, ist der Öffentlichkeit nur in Bruchteilen bekannt. Die Boeing 757-223 erreicht Los Angeles niemals. Stattdessen fliegt das Flugzeug in das Pentagon am 11. September 2001, nur wenige Stunden nach dem Start. 189 Menschen sterben am Anschlagsziel.[1] Darunter sind die Entführer des Flugzeuges, zu denen auch Hani gehört. Hani Saleh Hasan Hanjour war einer von fünf Entführern, die der Terrorgruppe Al-Qaida angehörten. Der Mord an all diesen Menschen wird von Islamisten weltweit als kolossaler Sieg gegen den Westen gefeiert. Der 11. September 2001 gilt seither als Schlüsselereignis im Kampf gegen den internationalen Terrorismus. Obwohl zuvor schon einige Anschläge terroristischer Gruppen zum Erfolg führten, gilt der 11. September bis heute als eines der schlimmsten Ereignisse der modernen Geschichte.

Hätte man Hani und seinen Anhängern nicht ansehen müssen, dass sie in wenigen Stunden unzählige Menschen mit in den Tod reißen würden? In der Personenkontrolle am Flughafen fiel den Kontrolleuren nichts auf. Sie bemerkten zwar, dass Hani wie ein frisch gepelltes Ei aussah, jedoch fiel ihnen nicht auf, dass seine Schuhe der ganzen Erscheinung widersprachen. Sein gebügeltes Hemd, die frisch gemachten Haare und die bügelfaltenfreie Hose passten nicht zu den ärmlichen Schuhen. Seine Schuhe wiesen kaputte Stellen auf. Die Naht löste sich, und Teile des einfachen Sportschuhs waren bereits völlig zerrissen.[2] Sie und ich hätten solch einen Schuh wahrscheinlich bereits weggeschmissen. Die Diskrepanz zwischen dem Schuhwerk und der restlichen Erscheinung hätte den Kontrolleuren deutliche Signale geben können. Mindestens solche, um Hani aus der Schlange zu holen und kurz zu befragen.

Ähnlich erging es Richard Reid, der am 21. Dezember 2001 vom Flughafen Paris-Charles-de-Gaulle nach Miami fliegen wollte. Seine Person jedoch fiel den Kontrolleuren auf und wurde herausgezogen. Richard Reid wurde daraufhin von den Behörden 24 Stunden lang festgehalten. Jedoch konnte Reid nichts nachgesagt werden, außer dass er aussah, als sei er gerade aus einer Höhle gekrochen. Der gebürtige Brite Reid wurde daraufhin freigelassen. Während des Fluges versuchte er dann an Bord der American-Airlines-Maschine einen Sprengsatz in seinem Schuh zu zünden. Der Sprengstoff jedoch versagte, da der Aceton-Peroxid-Zünder (TATP) nass geworden war. Richard Reid hatte scheinbar starke Schweißfüße während seiner Festsetzung bekommen, die in den 24 Stunden zur Anfeuchtung des Sprengsatzes führten. Als Reid dann während des Fluges den Sprengsatz zünden wollte, überwältigten Passagiere ihn, als dieser hektisch bemerkte, dass die Detonation nicht ausgelöst werden konnte.[3]

Was wäre also, wenn wir den Menschen ihre Absichten ansehen könnten, wenn wir erkennen könnten, was Menschen denken, fühlen oder gar vor uns verbergen und verheimlichen? Gewiss können wir

Terroristen, Straftäter oder Verbrecher nicht an ihrer Kleidung erkennen. Mit dem Ziel der Verschleierung versuchen diese Menschen alles zu tun, um nicht aufzufallen. Sie passen sich dem allgemeinen Ton der Masse an, um in ihr unterzugehen. Doch es bleibt die Frage, ob wir die Absichten der Menschen erkennen können, bevor diese zum Handeln kommen. Können wir hinter die Fassaden blicken, die Menschen vor uns aufbauen? Eine große Anzahl an Literatur behauptet zumindest, dass dies machbar sei. Um Fassaden aufzubauen, verhalten wir Menschen uns oft gegen unsere eigene Natur. Wir verbiegen uns, geben uns anders, benutzen Worte, die wir sonst nie nutzen würden, und tun so, als seien wir ein anderer Mensch. Nicht nur Terroristen verhalten sich so. Wir alle tun das. Mir ist dies besonders bei diversen Bewerbungsgesprächen aufgefallen. In den von mir geführten Vorstellungsgesprächen der letzten zwei Jahre wurde mir eine Vielzahl an Lügen und Flunkereien aufgetischt. Bei solchen Interviews wird einem schnell klar, dass die Aufgabe darin besteht, die Wahrheit zwischen den Zeilen zu lesen, um zu erkennen, was die wahren Absichten des Bewerbers sind. Sucht hier nur jemand nach einem Job und wird schon nach wenigen Monaten dauerhaft krank sein, oder wird der Bewerber sich für die Mission und das Unternehmen entscheiden und sich hingebungsvoll für den Betrieb einsetzen? Nirgendwo wird so viel gelogen wie bei Bewerbungsgesprächen – mit Ausnahme von Dates. Tatsache ist, dass wir Menschen uns oft verstellen und eben nicht immer die Wahrheit sagen. Wir tun dies aus den verschiedensten Gründen. Ich gehe davon aus, dass auch Sie lügen. Warum? Wir sind Homo sapiens und eben nicht so etwas wie Homo verum. Der Mensch wird schon von Kindesbeinen an mit Lügen und Flunkereien konfrontiert. Zuweilen ist diese Flunkerei gar nicht böse gemeint, manchmal jedoch hat sie niederträchtige Absichten.

Die Lüge zählt zu den ältesten Sünden der Menschheit, und schon in der Bibel steht geschrieben, dass wir nicht lügen sollen. Selbst die guten Christen sind meist nicht frei von Tadel und lügen nur so, dass sich die Balken biegen. Sogar Nietzsche beklagte sich darüber, dass die Menschen so unsäglich oft lügen. Ein Artikel aus der *Welt* stützt sich auf die Statistik, dass wir Menschen binnen eines kurzen Gespräches über 2,3 bis 2,9-mal lügen. Wer mit unter 200 Lügen pro Tag auskommt, ist schon fast ein Heiliger. Doch niemand weiß so recht, woher die Lüge eigentlich kommt und ob diese Zahlen korrekt sind. Es mag also möglich sein, dass 200 Lügen pro Tag etwas hochgegriffen erscheint und diese Statistik nur selbst eine Lüge ist. Wem soll man auch noch Glauben schenken bei all dem Irrsinn? Seriöse Studien kommen dagegen auf weitaus geringere Quoten. Die amerikanische Psychologin Bella DePaulo ließ 147 Versuchspersonen ein Tagebuch schreiben, über ihre Begegnungen mit anderen Menschen und über all die kleinen Unwahrheiten, die dabei geäußert wurden.[4] Die anschließende Durchsicht der Berichte ergab gerade mal eine Quote von zwei Lügen pro Tag. Wobei allerdings gängige Höflichkeitslügen wie etwa das typische »Gut« auf die Frage »Wie geht's?« außen vor gelassen wurden. Dabei kann selbst die höfliche Floskel »Wie geht's?« schon als Lüge bezeichnet werden. Wer will denn heute noch wirklich wissen, wie es einem geht? Die meisten Menschen scheinen doch selber froh zu sein, dass sie so durch den Tag kommen. Doch auch die Studie DePaulos war nicht frei von Fehlern. Die Studie ging davon aus, dass alle Probanden in ihrem Tagebuch die Wahrheit schreiben würden. Doch seien wir ehrlich, echte Lügner werden genau dies eben nicht tun. In einer anderen Studie lud Robert Feldman von der Universität Massachusetts über 120 Studenten zu einem zehnminütigen Gespräch mit einem ihnen unbekannten Menschen ein, dem sie sich als sympathisch oder kompetent präsentieren sollten.[5] Dieses Treffen wurde aufgezeichnet und anschließend den Studenten vorgespielt, die dann selbst ihre Lügenquote einschätzen sollten. Knapp 60 Prozent der Studenten gaben dabei zu, kleinere oder auch größere Lügen eingestreut zu haben. Dazu gehörten nicht nur Lügen, welche die Sympathie zu einem anderen Menschen vorgaukelten, sondern auch, dass sich einer der Studenten als ein Mitglied einer Rockband ausgab, obwohl dieser absolut unmusikalisch war. Während die männlichen Probanden logen und eher zur Prahlerei neigten, trimmten Frauen ihre Aussagen eher auf den Konsens mit dem Gesprächspartner.[6] Wir haben also alle irgendwie unabhängig von Geschlecht, Alter, Hautfarbe, Religion oder Kultur genug Gründe unehrlich zu sein. Tatsache bleibt, dass wir alle lügen und täuschen. Doch ist das nun ein Problem? Einige Forscher behaupten, dass die Lüge überlebensnotwendig für den Menschen ist und schon immer war. Ich glaube sogar, dass die eine oder andere Notlüge oder kleine Flunkerei sehr wohl verzeihlich ist.

Doch wie sieht es mit den schwerwiegenden Täuschungen aus? Lügen über die Absichten eines Menschen beispielsweise? Würden Sie als Polizist oder Profiler nicht auch gerne wissen, ob der Terrorverdächtige vor Ihnen einen Anschlag plant und die Indizien wahr sind oder ob dieser Mensch Sie nur auf eine falsche Fährte locken will? Was wäre, wenn Sie die Absichten eines Kunden vorhersehen könnten? Möchten Sie nicht auch erkennen, wann Ihre Arbeitskollegen Sie anlügen oder vielleicht sogar eine Intrige gegen Sie planen? Was wäre, wenn Sie im geschäftlichen Leben Ihre Mitmenschen durchschauen könnten? Stellen Sie sich vor, Sie könnten die wahren Beweggründe von Bewerbern erfassen. Wie würden Sie geschäftlich mit Ihren Lieferanten oder Kunden umgehen, wenn deren Täuschungen Sie in Verhandlungen nicht mehr aufs Glatteis führen könnten? Können Sie sehen, was andere Menschen vor Ihnen verbergen? Nehmen wir für einen Moment an, Sie könnten diese Dinge erkennen oder lernen zu erkennen. Es scheint so wahnsinnig schwierig zu sein, in den Gesichtern der Menschen die Täuschungen zu erkennen oder aus ihrer Stimmlage den Ton der Unwahrheit heraushören zu können. Zu allem Überfluss sind dann auch noch jede Menge Mythen im Umlauf über die Enttarnung einer Lüge und wie wir Menschen todsicher durchschauen können. Die Wahrheit ist allerdings eine andere.

Leider sind wir Menschen furchtbar im Entschlüsseln von Lügen und Täuschungen. In einem Experiment der Psychologen Bella DePaulo und Roger Pfeifer fand man heraus, dass wir gerade einmal zu

53 Prozent Lügen treffsicher erkennen können.⁷ Das ist nicht besser, als Kopf oder Zahl zu spielen. 50/50 ist nun wirklich keine berauschende Quote. Von Treffsicherheit kann man hier nicht wirklich sprechen. Selbst Paare, die seit Jahren miteinander auskommen, können häufig eine Lüge ihres Partners nicht besser erkennen als bei anderen Menschen. Sehr vielversprechend ist das nicht. Es kommt sogar noch schlimmer. Nicht nur, dass wir absolut schrecklich darin sind Lügen zu erkennen, wir glauben auch noch fälschlicherweise in unserer Arroganz, dass wir echte Meister der Lügenerkennung sind. Doch auch jene, die nach dem Motto: »Mir macht keiner etwas vor. Ich habe schließlich Jahre an Lebenserfahrung auf der Uhr« leben, sind nicht besser dran. Wenn ich jedes Mal einen Euro bekommen hätte, wenn mir mal jemand wieder erklärt, dass er Körpersprache lesen kann… Sie wissen, was ich meine.

Während einer Studie der Sozialpsychologen Robert Kraut und Donald Poe fand man heraus, dass Profiler und professionelle Zollfahnder besonders auf das Erscheinungsbild achten, mehr noch als auf direkte Zeichen einer Lüge.⁸ So spielte in der Studie das Gesamtbild eine wesentlich wichtigere Rolle. Hatte die Gesprächsperson dreckige Kleidung, einen festen Händedruck, hielt sie Blickkontakt oder wanderte der Blick bei unangenehmen Fragen ab? Es zeigte sich, dass Menschen mit schwarzer Kleidung eher auffielen als attraktive Menschen. Menschen mit einem »Baby-Face« (hohe Stirn und weit auseinanderliegenden Augen) genossen eher den Bonus, für ehrlicher gehalten zu werden. Tatsächlich sind diese Zeichen allerdings irrelevant. Lügner schauen einem beim Lügen eher in die Augen, als dass sie wegsehen würden. Das Wegsehen bei Lügen ist ein absoluter Mythos. Warum das? Der Lügner will sehen, ob Sie ihm seine Lüge abkaufen oder nicht. Natürlich beobachtet er daher genau, wie Sie reagieren.

Wie kommt es aber, dass wir so schrecklich sind im Erkennen von Lügen? In mehrfachen Umfragen bei Paaren gaben beide Seiten an, dass ihnen Ehrlichkeit und Loyalität sehr wichtig sind. Wenn uns Ehrlichkeit doch so wichtig ist, warum erkennen wir sie dann so schlecht? Die Lösung liegt fast auf der Hand. Die Evolution hat uns im Laufe der Jahrhunderte zu meisterhaften Lügnern werden lassen – meist um zu überleben. Heute, in Zeiten der Digitalisierung und dem starren Blick vieler Menschen auf ihr Mobiltelefon, ist eine fast schon perverse Spielwiese für Lügner und Betrüger entstanden. Bestraft fürs Lügen wird ja keiner. Die Strafen für Betrug und Korruption sind um ein Vielfaches geringer als die für Gewaltverbrechen. Selbst Politiker und Anführer lügen ganz öffentlich, begehen Rechtsbrüche und kommen einfach so damit davon. Lügen mag eine Sünde sein, aber eine Straftat ist es noch nicht, solange Sie nicht unter Eid stehen.

Fakt ist auch, dass lügen einfacher wurde, es weniger Menschen wirklich erkennen und wir mehr und mehr Chancen erhalten, um die Balken zum Biegen zu bringen. Man könnte meinen, dass wir durch das Alter oder die Erfahrung besser darin werden, Lügen zu durchschauen. Auch diese Annahme ist völlig falsch. Wir werden weder besser noch schlechter. Wir erkennen vielleicht mit der Zeit die Eigenarten unserer Mitmenschen, aber komplexe Gedanken oder emotionale Muster können wir nicht durchschauen. Auch zu denken, dass gewisse Menschen oder Gruppierungen besonders häufig lügen, ist völliger Unsinn. Christen lügen so oft, wie es Muslime tun, und Frauen so häufig wie Männer. Doch interessanterweise – ich schiebe diese Information hier einmal ein – lügen Männer und Frauen aus völlig unterschiedlichen Gründen. Wissenschaftler fanden heraus, dass Männer vor allem über Finanzen, berufliche Werdegänge und Karrieren lügen, mit dem Ziel, das weibliche Geschlecht ins Bett zu locken. Die Täuschungen der Frauen jedoch zielen dagegen meist auf ihre sexuellen Erfahrungen und ihren Körper ab (etwa indem sie den Bauch einziehen). Eine Studie der Psychologinnen Susan Cochran und Vickie Mays zeigte, dass 60 Prozent der Frauen schon belogen wurden, damit es zum Sex kam, während 34 Prozent der Männer zugaben, aus diesem Grund schon gelogen zu haben. Männer hingegen lügen wesentlich seltener über die Anzahl ihrer Sexpartner (ca. 4 Prozent), während

Frauen deutlich häufiger (44 Prozent) über die Anzahl ihrer Liebhaber die Unwahrheit sagen.[9]

Die Lüge wird also in erster Linie dafür verwendet, jemand anderen zu täuschen. Nach Prof. Dr. Paul Ekman ist die Definition für eine Lüge die Folgende: »Eine Lüge hat zum Ziel, einen anderen in die Irre zu führen, ohne vorherige Ankündigung dieses Ziels und ohne vom Belogenen explizit dazu aufgefordert worden zu sein«.[10] Diese Art der Täuschung verwenden wir, um andere zu täuschen und – viel schlimmer noch – uns manchmal selbst zu belügen. Dazu ein weiteres Beispiel: Der britische Forscher W. P. Robinson fand heraus, dass ganze 83 Prozent aller Bewerber bereit sind, in einem Vorstellungsgespräch zu lügen, um den Job zu bekommen.[11] Durch eigens geführte Bewerbungsgespräche kann ich diese Ergebnisse der Studie aus eigener Erfahrung nur bestätigen. Das erste Mal, als mir dies auffiel, kam ich gerade frisch von der Universität. Ich begann meine Karriere im Risikomanagement als Assistent der Geschäftsleitung eines namhaften Unternehmers der Branche. Für mich war es damals ein riesiges Glück, überhaupt in einer Branche Fuß zu fassen, die eher zur Verschwiegenheit neigte, als öffentliches Interesse zu erwecken. Binnen der ersten zwei Jahre erhielt ich die Möglichkeit, Ausbilder zu werden, erreichte internationale und nationale Zertifizierungen und konnte das Management für ein größeres Team übernehmen. So kam es, dass ich eines Abends zum Beginn der Spätschicht zu einem Gespräch mit einem Mitarbeiter geladen wurde. Der Kunde, bei dem wir mit ausgebildetem Sicherheitspersonal tätig waren, bat um meine Anwesenheit und erhoffte sich, dass meine Präsenz die Täuschungen innerhalb des kommenden Gespräches lüften könne. Ich war ziemlich erstaunt, als der Abteilungsleiter der Logistik mir erklärte, dass das Gespräch mit einem meiner Mitarbeiter stattfinden würde, welcher vor Ort beim Kunden eingesetzt wurde. Man hatte diesen in der Pause bei seinem Auto dabei beobachtet, wie er Gras geraucht hatte. Kein kleiner Fauxpas in einer Branche, in welche Mitarbeiter behördlich auf Eignung und Zuverlässigkeit geprüft werden! Vor allem, da wir im

Bereich der Luftsicherheit arbeiteten und damit für das Leben tausender Passagiere jeden Tag verantwortlich waren. Ich besprach mich kurz mit dem besagten Abteilungsleiter und bat meinen Mitarbeiter zum Gespräch. In einem kleinen Raum kamen wir zusammen. Nach einem kurzen Small Talk über Gesundheit und Befinden kamen wir zum Punkt. Als der Mitarbeiter mit den Anschuldigungen konfrontiert wurde, reagierte dieser empört. Er schwor auf alle möglichen Familienmitglieder und Gott selbst, dass er solch ein Zeug niemals angefasst hätte. Log dieser Mensch nun und spielte uns nur etwas vor, oder war er ernsthaft entsetzt und wusste tatsächlich nichts von den Drogen? »Ich bin ja auf Ihrer Seite. Bestimmt waren es nur harmlose Zigaretten, nicht wahr?«, fragte ich ihn mit ernster Miene, ohne ein Zeichen der Ironie aufkommen zu lassen. »Deshalb werden Sie mit absoluter Gewissheit auch den Drogentest überstehen«, ergänzte ich. Für einen kurzen Augenblick zeigte der Mitarbeiter einen Mikroausdruck von Angst. Meine Falle war zugeschnappt. Hätte er mit einem Ausdruck von Zufriedenheit oder Überraschung reagiert, wäre schon vor dem Drogentest klar gewesen, dass dieser Mitarbeiter tatsächlich nur harmlose Zigaretten geraucht hatte. Dabei war gar kein Drogentest geplant. Während der Mitarbeiter seine Angst zu verbergen versuchte und cool wirken wollte, zeigte der Mikroausdruck die Wahrheit. Die Körpersprache lügt nie. Besonders die kurzen Zuckungen der Gesichtsmuskulatur, die nur durch Übung und Ausbildung zu erkennen sind, können deutlich zu erkennen geben, was das Gegenüber tatsächlich fühlt und denkt. Diese sogenannten Mikroausdrücke sind gerade einmal für ein Fünftel einer Sekunde sichtbar und für die meisten Menschen daher nur als eine Zuckung des Muskels zu erkennen. Dass hinter diesen Zuckungen allerdings die Wahrheit liegt, fand Prof. Dr. Paul Ekman durch seine Studien in den 1960er Jahren heraus.[12] Mehr dazu im weiteren Verlauf des Buches. Der besagte Mitarbeiter wurde noch am gleichen Abend freigestellt und verlor in jener Woche noch seinen Job. Der Drogentest war nicht mehr nötig. Ich hatte den Mitarbeiter in den folgenden zehn Minuten zu einem umfassenden Geständnis geführt. Er verriet sich und erklärte, dass er das Gras zum Stressabbau brauche. Die Ausreden eines Lügners sind oft absurd bis urkomisch. »Was ist mit Ihrem Schwur auf Gott und Familie?«, fragte ich ihn. Menschen lügen und täuschen Sie. Das ist eine Tatsache. Täuschungen haben Gründe. Besonders im beruflichen Umfeld scheint es uns Menschen besonders leicht zu fallen einander zu täuschen. Es geht ja schließlich um einiges. An unseren Karrieren hängen Gehälter, Familien, Lebensexistenzen und unser Ego. Da ist den meisten Menschen jedes Mittel recht, um zum Erfolg zu gelangen oder jeglicher Art von Problemen aus dem Weg zu gehen. Diese ganzen schlechten Nachrichten können einen wirklich desillusionieren und einen an der Loyalität und Ehrlichkeit, sogar an der Integrität der Menschen zweifeln lassen. Doch Zweifel und Misstrauen sind der sichere Weg, jede Art von menschlicher Beziehung gegen die Wand zu fahren. Es gibt aber auch gute Nachrichten. Die gute Nachricht ist, dass es tatsächlich einen Weg gibt, Lügen zu erkennen, und wir diese Möglichkeit nur annehmen müssen. Kein Grund also für unnötige Zweifel und Sorgen. Es hat sich herausgestellt, dass die Fähigkeit Lügen zu erkennen und Täuschungen aufzudecken und die Techniken, die Sie in diesem Buch lernen werden, den Nutzer befähigen, seine Expertise im Bereich der Lügenerkennung von knapp 50 Prozent so zu verbessern, dass Ihnen nur noch wenige Lügen durch die Lappen gehen. In einer sich so rasant verändernden Welt mit internationalen Krisen, wie der Finanzkrise, Bankenkrisen oder gar dem internationalen Terrorismus und Fanatismus, ist es umso wichtiger geworden, Lügner und andere gefährliche Menschen zu entlarven. Die Welt ist gefährlicher geworden. Wäre es da nicht nützlich, sich in einer so schnelllebigen Welt besser schützen zu können und gleichzeitig andere Menschen besser zu verstehen? Sie haben recht, das war eine rhetorische Frage!

In diesem Buch werden Sie lernen, wie Sie Täuschungen entschlüsseln, Lügen entlarven und wie Sie zur Wahrheit finden können. Sie werden die Fähigkeiten erlernen, die ich mir im Verlauf der letzten Jahre im Risikomanagement aneignete und welche mir sowohl privat als auch geschäftlich einen strategischen Vorteil verschafften. Die Wahrheit zu entdecken, ist das eine. Sie zu glauben, ist jedoch Ihre Aufgabe, bei der ich Sie nicht unterstützen kann.

Wahrheit kann wehtun. Wahrheit kann verletzen, und nicht immer ist die Wahrheit die beste Alternative. Ob zwischen Wahrheit und Lüge noch etwas Drittes oder Viertes besteht? Eine Art Alternative? So ähnlich wie die Halbwahrheit zum Beispiel? Die Antwort bleibt Ihnen selbst überlassen. Ich vermag diese Frage nicht zu beantworten. Ich bin mir bewusst darüber, dass Wahrheit Schmerzen bringen kann. Wie oft verstecken wir uns vor der Wahrheit, weil wir sie nicht wahrhaben wollen? Oft, denke ich. So investieren wir weiter in ein Geschäft, das schon längst keine Zukunft mehr hat, einfach, weil wir noch daran glauben möchten. Das sind die Kosten unseres Lebens, die wir tragen, weil wir an etwas glauben wollen, was längst nicht mehr da ist. In der Betriebswirtschaft wird dieses Phänomen mit den sogenannten *Sunk Costs* beschrieben. Diese irreversiblen Kosten sind gesunken, und ein Gewinn wird niemals entstehen. Doch wir halten fest und klammern uns an eine Hoffnung. Bei den Berufen der meisten Menschen sieht es doch nicht besser aus. Einer Studie zufolge haben über 85 Prozent aller Mitarbeiter in deutschen Betrieben bereits innerlich gekündigt oder sind kurz davor zu kündigen.[13] Wir glauben noch an etwas und halten daran fest. Wir belügen uns selbst. Vor allem, weil Wahrheit wehtut. Nicht nur im Beruf ist dies der Fall. Übergreifend findet diese Regel auch in Ihrem Privatleben einen Platz. Wie viele Eheleute glauben noch an eine gemeinsame Zukunft, obwohl sie innerlich bereits aufgegeben haben? Wie viele Menschen, die sich in einer Beziehung befinden, wählen die soziale Verträglichkeit vor der Wahrheit? Stellen Sie sich einmal eine Welt vor, in der jeder Mensch die Wahrheit akzeptieren würde. Schon nach kürzester Zeit hätten wir globale Kriege, Hungersnöte und Anarchie. Die Religionen dieser Welt würden gestürzt werden, und die Menschheit würde sich gegenseitig zerfleischen. Um glücklich sein zu können, ist Wahrheit überlebensnotwendig. Doch wie viele Menschen leben eine Lüge? Wie viele Betriebe belügen Mitarbeiter und Kunden, um daraus Vorteile zu erlangen oder zu erwirtschaften? Dazu passen Werbungen, mit denen beispielsweise Versicherungen nach neuen Mitarbeitern suchen, und die Bewerbenden die tollen Karriereaussichten des Unternehmens schmackhaft machen wollen. Das klingt dann in etwa so: »Kommen Sie zu uns. Hier können *Finance* und *Selbstständigkeit* auch für Sie finanzielle Freiheit und Wohlstand bedeuten. Über 2,4 Milliarden haben wir so in Provisionen ausbezahlen können.« Doch was eigentlich in einer solchen Werbung gesagt wird, ist: »Wenn Sie bei uns arbeiten, dann arbeiten Sie auf eigene Rechnung, haben keinen Arbeitsvertrag und keine Sicherheiten, und ob Sie tatsächlich finanziell erfolgreich sein werden, hängt alleine davon ab, wie vielen armen Seelen Sie den Bullshit andrehen, den wir verkaufen. Versicherungen, die versklaven, anstatt zu helfen. Willkommen in unserem Team«. Um nicht lügen zu müssen, verkaufen wir den Mist mit schönen Worten wie *Finance* oder *Corporate Governance*. Mit unserer Umwelt tun wir das ja auch. Wir nennen es *Social Responsibility* – soziale Verantwortung. Mist tarnt sich gerne in hochtrabenden Worten. Dabei gäbe es andere und seriöse Wege zu mehr finanzieller Freiheit. Es gibt andere Wege zur Rettung unserer Umwelt. Doch je mehr Menschen den Blödsinn glauben, desto mächtiger wird er. Wahrer wird er dadurch nicht. Wer es nicht versteht, der schaut sich eben gerne die leuchtende Reklame an und glaubt den Mist, den er liest. Jeden Tag werden wir so belogen, von Medien, Konzernen und dem eigenen Partner. Die Liste der Lügner ist verdammt lang!

Die Fähigkeit, Menschen zu lesen, bringt jedoch nicht nur ungeheure Macht über andere mit sich. Große Macht verlangt nach großer Verantwortung, und der richtige Einsatz dieser Fähigkeit macht den Unterschied zwischen Missbrauch und einer passenden Hilfe oder Unterstützung anderer Menschen. Ich habe in dieser neuen Welt, die vor unseren Augen entsteht, gelernt, Menschen besser einzuschätzen, indem ich kontinuierlich trainierte, was Sie in diesem Buch lernen werden, und habe es seither zu einem Automatismus gemacht. Ich habe die Erfahrung gemacht, dass diese Fähigkeiten so gefragt sind wie nie zuvor. Verteidigungsministerien, das Militär und staatliche Organisationen sowie private Sicherheitsfirmen, Polizei und der Zoll, aber auch die Industrie und Privatpersonen suchen einen Weg, um ihre Interessen vor anderen Menschen zu schützen und Täuschungen zu enttarnen. Besonders in der heutigen Geschäftswelt ist es notwendig, seine Kunden, Mitarbeiter, Lieferanten und Geschäftspartner zu verstehen und zu durchschauen. Schließlich sind sie der Hauptbestandteil eines jeden Unternehmens und Geschäftes. Noch ist die Zeit nicht gekommen, in welcher wir mit Maschinen Geschäfte tätigen. Nein, es sind Menschen, mit denen wir interagieren. Umso wichtiger ist es, sie zu verstehen und lesen zu können. Das gilt auch im Hinblick auf Führungspositionen. Jede Führungskraft, ob Teamleiter, Manager oder gar Unternehmer, weiß, wie wichtig es ist, Mitarbeiter zu motivieren und zu inspirieren. Im Personalmanagement, im Marketing, ja auch im Vertrieb ist diese Fähigkeit ein echter Segen. Kunden sind Menschen wie Sie und ich und können durchschaut werden. Sie wollen sie lesen können, wie ein offenes Buch – nicht, damit Sie ihnen die Taschen leeren können, sondern um zu verstehen, was sie wirklich bewegt, und um schlussendlich ihre Probleme besser zu verstehen und damit lösen zu können. So funktionieren redliche Geschäfte eben. Ein Austausch von Ressourcen findet statt, wenn Probleme gelöst werden.

Auf den letzten Seiten habe ich bereits versucht, Gründe für die Lüge zu finden. (Auch damit werden wir uns im weiteren Verlauf des Buchs noch ausführlicher auseinandersetzen). Doch der wahre Grund der individuellen Lüge bleibt verborgen und wird es wohl auch bleiben. Um eine Lüge zu erkennen, Menschen zu lesen und ihre Absichten zu deuten, müssen Sie lernen, wie Ihr Gesprächspartner zu denken, zu fühlen und zu agieren. Hierfür werden Sie die Deutung nonverbaler Zeichen lernen, Neues über Manipulation und Sprache erfahren und eine Einführung in die komplizierte Thematik des menschlichen Verhaltens erhalten. Auch werden Sie Techniken für die Gesprächsführung kennenlernen, um die Lügen in Ihrem beruflichen Leben zu enttarnen. Sie lernen, welche Grundvoraussetzungen Sie für das Durchschauen von Lügen erfüllen müssen. Wir sind, auch wenn wir Rudeltiere sind, doch alle irgendwie anders und ein wenig individuell. Es fällt daher schwer, klare Muster des Verhaltens zu finden und diese auf alle Menschen, Kulturen und Ethnien zu übertragen. Gemeinsamkeiten arbeiten wir jedoch sehr wohl heraus.

Doch einige Worte der Warnung vorab: Ich weise darauf hin, dass ich studierter Ökonom bin und als Geschäftsmann praxisnahe Informationen schätze. Wer auf reine psychologisch-wissenschaftliche Analysen in diesem Buch hofft, ist hier vielleicht falsch. Ich will mich nicht als Psychologe verkaufen, da ich schlichtweg keiner bin. Mein Wissen beschränkt sich auf die Praxis und deren Anwendung und nicht nur alleine auf die Theorie. Nun möchte ich Ihnen dieses Wissen vermitteln, welches Sie in Ihrem täglichen Geschäft nutzen und sofort anwenden können, wenn Sie die letzte Seite dieses Buches erreicht haben. Ich möchte Ihnen die Praxis vermitteln und nicht bloße Theorie. Die Fähigkeiten, die ich im Risikomanagement entwickelt habe, sind in jeder Branche anwendbar und können ein echter Segen sein. In Ihrem Arsenal an Werkzeugen und Fähigkeiten wird auch dieses Wissen sich wohlfühlen und Ihnen gute Dienste erweisen. Nachdem Sie dieses Buch gelesen haben, können Sie Ihr neu gewonnenes Wissen dann nutzen, um Lügen und Täuschungen besser zu durchschauen und um Menschen besser zu verstehen. Ob im Vertrieb, im Personalwesen, der Beratung, im Marketing, in der Logistik, im Verteidigungsministerium, bei der Polizei oder im Finanzsektor – überall werden Sie diese Fähigkeit nutzen können. Sie werden lernen, wie Menschen ticken und wie Sie diese durchschauen können. Sie schaffen sich somit einen beruflichen Vorteil, der Ihre Karriere bei richtigem Einsatz beflügeln kann. Dabei verhält es sich ähnlich wie bei der Fähigkeit des Fahrradfahrens. Wenn Sie erst einmal gelernt haben, wie es funktioniert, und es genug geübt haben, haben Sie eine überaus nützliche Fähigkeit dazugewonnen. Nutzen auch Sie diese Fähigkeit für Ihren Erfolg und für Ihr Leben. Lassen Sie sich nicht täuschen!

Wenn wir jemand anderen in die Irre führen wollen, ohne das vorher angekündigt zu haben oder vom Belogenen explizit dazu aufgefordert worden zu sein, geraten wir manchmal selbst in die Klemme. Vor allem in Trainings, Einzelcoachings, Seminaren und Ausbildungen erkenne ich immer wieder die Blindheit der Leute. Die Mehrheit der Menschen scheint aber nicht etwa aus Dummheit nichts zu erkennen, sondern ist viel eher von Natur aus blind der Wahrheit gegenüber. Wir kaufen daher lieber die Täuschungen anderer Menschen, um eine unangenehme Wahrheit zu verbergen. So viele von uns sind echte Realitätsverweigerer. Schon Sigmund Freud wusste, dass der Mensch in seinem Sein zwei Motivationen folgt.[14] Wir versuchen uns permanent an der Abwehr von Schmerzen. Denn wir Menschen flüchten vor Schmerz und suchen die Freude. Unsere biologische Natur hat uns Homo sapiens zu einem Wesen geformt, das jegliche Form von Schmerz ablehnt und sich selbst motivieren kann, um diesen Schmerzen zu entgehen. Auch wenn das bedeutet, dass wir uns selbst belügen müssen. Wie viele Mitarbeiter wurden schon in Betrieben eingestellt, nicht etwa weil sie zum Unternehmen passten, sondern weil sie einen Job suchten und das Unternehmen die Stelle aufgrund von Umsatzzielen schnellstens besetzen musste? Die Motivation, mehr Freude und Glück zu erleben, ist zwar die erfreuliche Kehrseite der Medaille, jedoch ist der Antrieb, jegliche Form von Schmerz zu vermeiden, wesentlich ausgeprägter. In unserem Beispiel der neu eingestellten Mitarbeiter bedeutet dies, dass der Bewerber lieber das schmerzhafte Erlebnis längerer Arbeitslosigkeit vermeiden will, und das Unternehmen wiederum möchte sich die unschöne Zukunft ersparen, am Ende des Jahres die vorgegebenen Ziele nicht erreicht zu haben. Deshalb belügen sich beide Seiten lieber, auch wenn sie eigentlich wissen, dass der Bewerber nicht die optimale Wahl für die Firma ist. Doch die Furcht vor Schmerzen ist größer und verleitet dazu, sich selbst zu belügen. Dieses Verhalten ist bei jedem von uns sehr ausgeprägt.

Täuschung ist ein wichtiges Thema, mit dem wir uns befassen müssen. Doch bevor wir uns der Täuschung durch andere zuwenden, müssen wir uns zuerst mit Ihrer Selbsttäuschung beschäftigen. Warum? Wie wollen Sie in einem Gespräch an die Wahrheit gelangen, wenn Sie diese zwar sehen oder hören, aber nicht anerkennen wollen? Oft genug habe ich Menschen die Fähigkeiten, um die es in diesem Buch geht, teilweise oder ganzheitlich vermittelt. Doch als sie diese dann anwenden wollten, enttäuschten mich manchmal die Ergebnisse. Die Probanden erkannten Lügen und Täuschungen und konnten diese auch präzise aufzeigen. Doch auf die Frage hin, was das nun für sie bedeute, sagten diese: »Es kann nicht sein, dass er/sie mich belügt. Sie müssen sich täuschen. Niemals würde er/sie mich belügen.« Wahrheit kann wehtun, und ich gelte nicht umsonst als äußerst radikal bei Gesprächsführung und Interviews. Doch Wahrheit muss manchmal schmerzen, und diesen Schmerz müssen wir akzeptieren, wenn wir Täuschungen und Lügen erkennen wollen. Um die Lügen anderer erkennen zu können, müssen wir zuerst aufhören, uns selbst zu belügen. Ich bin mir bewusst, dass in der modernen Verhandlungstechnik, bei der Vermittlung von Körpersprache und der Dekodierung und Analyse nonverbaler Kommunikation Ihnen das niemand sagt. Warum auch? Die Lügen anderer zu erkennen, ist cool. Die eigenen Lügen zu enttarnen, ist weniger sexy. Es sind ja schließlich Ihre Probleme. Verkaufen lässt sich das auch nicht so richtig gut. Die Menschen scheinen sich lieber auf die Probleme anderer zu stürzen, als ihre eigenen Lügen zu enttarnen. Dies scheint besonders den Charakter der heutigen Zeit zu treffen, so scheint es mir zumindest. Besonders an unserem Leben im digitalen Netz können wir das erkennen. Durch den Gebrauch sozialer Medien, des Internets, weltweiter öffentlicher und privater Medien und zu guter Letzt durch die Globalisierung ist die Möglichkeit der Kontaktaufnahme von uns Menschen gewachsen. Nie zuvor war es so einfach, anderen zu begegnen, neue Menschen zu treffen, verschiedene Orte zu bereisen und neue Kulturen kennenzulernen. Dabei ist auch der zwischenmenschliche und soziale Kontakt stetig angestiegen. Hinzu kommt die dauerhafte Möglichkeit der Vernetzung mit anderen Menschen über das Internet. Der Wissenschaftler Paul Watzlawick hatte mit seinem Ausspruch »Wir können nicht nicht kommunizieren« recht, allerdings vergaß er, dass wir mittlerweile nicht einmal mehr davor flüchten können, vernetzt zu sein. Er *hätte wohl nie gedacht, dass Facebook eines Tages überhandnimmt.* Wir kommunizieren permanent, entweder auf nonverbaler oder verbaler Ebene. Die Nutzung der weltweiten Technologien hat uns hinzu noch die Möglichkeit gegeben, auf eine andere Art und Weise miteinander zu korrespondieren. Ich gebe Ihnen ein Beispiel: Erkennen Sie eine Lüge im Gesicht eines Menschen auf die gleiche Art und Weise, wie Sie die Lüge in einer Kurznachricht auf Ihrem Mobiltelefon erkennen würden? Vielleicht findet sich die Lösung ja in dem dazu passenden Emoji?

Die Art der Täuschung, Selbsttäuschung und der Lüge hat sich durch das Internet verändert. Wir lügen zwar immer noch auf die gleiche Weise und in fast identischem Umfang, jedoch in völlig anderen Medien und Formen. Ob durch die verstärkte Kommunikation miteinander auf verbaler Ebene die Anzahl der Lügen gestiegen ist, vermag ich nicht zu sagen. In puncto soziale Medien jedoch ist es interessant. Eine psychologische Untersuchung aus Großbritannien zeigte, dass bestimmte Lügen sowohl zusammenschweißen, als auch Kommunikation reibungsloser gestalten können. Die Forscher von der Nottingham Trent University analysierten dazu einmal das Verhalten junger Studenten auf dem Portal Facebook. Sie stellten fest, dass es drei Nutzergruppen gibt: Die Selbstdarsteller, die vorwiegend öffentlich Nachrichten über ihren Alltag posten; die Hochinteraktiven, die sowohl privat als auch öffentlich kommunizieren, und drittens die Mitteilenden, die vorwiegend private Nachrichten austauschen.[15] Das Ergebnis war, dass die Selbstdarsteller und Hochinteraktiven vor allem flunkerten und logen, um sich selbst in ein besseres Licht zu stellen, wohingegen die privat Agierenden es mit der Wahrheit nicht so genau nahmen, um ihre Beziehungen nicht zu gefährden.

Wir alle haben unterschiedliche Gründe, uns selbst oder einander zu täuschen und Unwahrheiten zu erfinden. Diese können von der

Selbstdarstellung bis hin zum Überleben reichen. Doch am Ende des Tages überwiegt eine Regel jede andere: Soziale Verträglichkeit geht vor Wahrheit! Dies fand eine andere Studie heraus. Psychologen von der Harvard University inszenierten für 80 Kinder zwischen fünf und elf Jahren folgende Situation: Eine Frau zeigte den Kindern ihre miserablen Versuche, ein Haus, Tiere oder Blümchen zu malen. Sobald sie dabei sagte, dass sie traurig sei, dass ihr Bild nicht so schön geworden wäre, bekräftigen sie die Kinder, weiterzumalen, und dass das Bild schön sei. Dabei logen die Kinder, um die traurige Frau aufzumuntern. Sagte die Dame jedoch, dass ihre schlechten malerischen Fähigkeiten sie nicht stören würden und es ihr sogar egal sei, reagierten die Kinder mit weniger Empathie, anstatt zu sagen: »Stimmt, das Bild ist furchtbar!« Wir lügen also meist gar nicht, weil wir böse sind. Laut einiger Psychologen ist gerade mal einer von 1000 Menschen ein Soziopath oder Psychopath und damit böse. Dass der Mensch also nicht von Natur aus böse ist, lässt mich hoffen.

Dennoch können Sie davon ausgehen, dass Ihre Mitarbeiter, Kollegen, Lieferanten, Kunden, Geschäftspartner und ja, auch Ihre privaten Kontakte Sie belügen. Sie tun dies unentwegt. Ein Großteil dieser belügt sich auch permanent selbst. Wir sind eben nicht die beste Version dessen, was wir sein könnten. Nein, wir sind die schlimmste Version dessen, was wir noch akzeptieren können. Der Mitarbeiter, der morgens um 9 Uhr aufschlägt und pünktlich um 17 Uhr den Stift fallen lässt, ist solch ein Mensch. Er könnte motivierter sein, früher erscheinen, sich mehr engagieren und Ihr Unternehmen mit Ihnen für eine bessere Zukunft gestalten. Stattdessen akzeptiert und toleriert dieser eine 08/15-Arbeitsmoral. Denn wenn wir es schon schaffen, uns selbst zu belügen, fällt es uns noch einfacher, einander zu belügen. Das mag soziale Gründe oder Gründe des Überlebens haben, jedoch sind und bleiben es am Ende des Tages die gleichen Lügen. Ziel muss es daher für uns sein, nicht nur Lügen zu enttarnen. Eine Vielzahl an literarischen Werken versucht diese Aufgabe mal mehr und mal weniger erfolgreich zu lösen. Unsere Aufgabe muss es vorwiegend sein, die Gründe von Lügen und Täuschungen zu enttarnen. Finden Sie die Gründe, finden Sie die Motivation, den Antrieb und die wahre Persönlichkeit des Menschen, der Ihnen gegenübersitzt. Zum Glück gehen wir nur sehr selten ohne eine Vorahnung in ein Gespräch. Unsere Intuition versucht uns zu schützen und schätzt binnen weniger Sekunden einen Menschen im Erstgespräch ein. Permanent beurteilt unsere Intuition so andere Menschen für uns. Der erste Eindruck entsteht binnen der ersten vier bis sieben Sekunden. Der zweite Eindruck folgt dann innerhalb der ersten vier Minuten. Nach fast fünf Minuten können Sie also dank Ihrer Intuition einen Menschen vollkommen einschätzen. Das Problem ist nur, dass unsere Intuition ein Bauchgefühl ist und nichts über wissenschaftliche Fakten zum Thema Täuschung und Lügenerkennung weiß. Wir müssen also darauf vertrauen, dass unsere Intuition wie eine Art Muskel funktioniert und damit trainiert werden kann.

Vor einer Weile saß ich gemeinsam mit einem erfolgreichen Mittelständler zusammen in einem Gespräch. Binnen kurzer Zeit hatte dieser mir seine Lebensgeschichte erzählt. Er schweifte in seinen Gedanken ab und erzählte in emotionalem Ton, wie sein Unternehmen gewachsen ist. 150 Mitarbeiter in fast fünf Jahren. Der Betrieb lief gut, doch dann kam die Katastrophe. Sein Geschäftspartner und er trennten sich. Der eine wollte den Betrieb fortführen, der andere nur noch weg. Als einer der Gesellschafter ging, ließ dieser sich seine Anteile ausbezahlen und führte das Unternehmen in eine Liquiditätskrise. Urplötzlich befand der verbliebene Geschäftsführende Gesellschafter sich in finanzieller Not. »Ich hätte mir niemals vorstellen können, dass er so etwas machen würde. Ich kenne ihn schon so lange. Woher hätte ich wissen sollen, dass er von heute auf morgen alles hinschmeißt und mich im Stich lässt?«, hörte ich ihn sagen. Hatte seine Intuition versagt? Im Gegenteil, seine Intuition war vollkommen da und aktiv. Jedoch können Sie nicht von einem kleinen Ärmchen erwarten, dass es 250 Kilo drückt. Die Intuition ist eben kein Allheilmittel, und nach dem Gießkannenprinzip können Sie damit auch nicht alles herausfinden. Ihre Intuition ist ein Muskel, und solange dieser schlecht bis gar nicht trainiert ist, können Sie sich nur geringfügig auf diese Intuition verlassen.

Die Frage lautet also: Wie können wir unsere Intuition trainieren, und wie können wir eine solide Grundlage schaffen, um Fähigkeiten aufzubauen, die uns dazu befähigen, Menschen zu durchschauen, Lügen zu erkennen und Täuschungen zu enttarnen? Die Lösung zur Entlarvung einer Lüge und dem Lesen von Menschen liegt in einem soliden Fundament und dem Wissen, welches Sie in diesem Buch erhalten, begründet. Sie erhalten von mir im Verlaufe dieses Buches ein, wie ich es gerne nenne, *Framework*, zum Erlernen eben jener Fähigkeiten. Ein grundsolides Fundament, welches Ihr zukünftiges Wissen strukturiert und in einzelne Lernbereiche einteilt. Bevor wir starten, uns diverse Fähigkeiten anzueignen, möchte ich Ihnen eine Art Fahrplan mit an die Hand geben, damit Sie verstehen, wie wir das Gerüst unserer Fähigkeiten aufbauen, um Lügen langfristig erkennen zu können. Verstehen Sie es als eine Art Curriculum.

Jedes Kapitel dieses Buches wird daher einen dieser Bausteine beleuchten. Am Ende setzen wir diese Bausteine nur noch zusammen, erhalten ein fertiges Gerüst und können prompt damit beginnen, Lügen treffsicher zu erkennen und Lügner zu entlarven. Doch der Weg dahin bedarf auch harter Arbeit und der Bereitschaft kontinuierlich zu üben. Das Schöne dabei ist, dass Sie überall lernen können und jedes Gespräch, ja selbst jeden Spaziergang in der Stadt, dafür verwenden können, Menschen zu lesen. Sie benötigen nur wahres Interesse an anderen Menschen, um diese zu verstehen und ihre Zeichen und Signale zu deuten. Wenn Sie dieses Buch nur lesen wollen, um Macht über andere zu erlangen, dann sollten Sie es zuklappen und nicht weiterlesen. Ich habe kein Interesse daran, Ihnen etwas zu schenken, was Sie missbrauchen wollen. Auch werden Sie in diesem Buch keine Erkenntnisse darüber erhalten, was die Wissenschaft und die Empirie uns nicht schon gezeigt hat. Wenn Sie allerdings Ihr Wissen nutzen wollen, um Menschen zu helfen, sich selbst oder ihre Liebsten zu schützen, Situationen oder andere Leute besser zu verstehen und vielleicht auch um daraus Erfolge in Ihrem Geschäft zu erzielen, dann ist dieses Buch genau das Richtige für Sie. Dieses Buch soll dem Zweck dienen, Ihnen zu dienen.

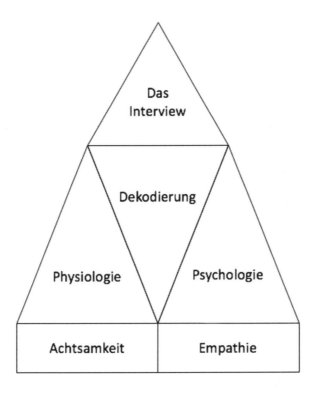

Fahrplan zum Buch

Achtsamkeit – Das Tor zur Wahrheit

Zu Beginn werden Sie die Fähigkeit erlernen, die im späteren Verlauf des Lernprozesses die Körpersprache, verräterische Zeichen des Lügens, Mikro- & Makroexpressionen, Symbole, Illustratoren, Embleme und Manipulatoren entschlüsselt. Diese Fähigkeit, die Achtsamkeit, ist eine von zwei Grundpfeilern des Gerüstes unserer Fähigkeiten. Ohne die Achtsamkeit wird Ihnen keine Technik und kein Verständnis irgendeiner Fähigkeit dabei helfen können, Menschen zu durchschauen und Lügner zu entlarven. Während oft damit begonnen wird, die Symbolik der Körpersprache zu deuten und Menschen sich daran die Zähne ausbeißen, wird immer wieder vergessen, dass alle Fähigkeiten dieser Welt ohne ein solides Fundament keinen Wert haben. Die Achtsamkeit ist die Fähigkeit, die es Ihnen erst ermöglicht, präzise zu arbeiten, zu analysieren und zu bewerten. Ich lege Ihnen dies daher ans Herz, damit Sie Ihre kostbare Zeit nicht verschwenden, sondern tatsächlich ein Menschenleser werden, der eben nicht nur vor Jahren einmal ein paar Seiten über die Grundlagen von Körpersprache gelesen hat, sondern tatsächlich ein umfassendes Wissen zur Anwendung bringt. Die Achtsamkeit wird es Ihnen erlauben, dieses umfassende Wissen aufzubauen und es gezielt einzusetzen.

Empathie – Das Verständnis für Wahrheit

Neben der Achtsamkeit spielt Ihre Empathie eine wichtige Rolle im Erkennen von Lügen und dem Durchschauen von Menschen. Keine der folgenden Techniken und kein Verständnis von Psychologie oder Physiologie kann Sie dazu befähigen, Menschen zu lesen und Lügen zu enttarnen. Im Gegenteil! Sie werden farbenblind in einer Welt von farbenfrohen Schöpfungen sein und nichts dazugewonnen haben. Hier spielt Ihre emotionale Intelligenz eine explizite Rolle. Was des Öfteren von anderen Menschen abgetan wird mit Sätzen wie: »Der kann einfach gut mit Menschen« oder: »Sie ist einfach sehr offen und extrovertiert«, ist in Wahrheit einfach nur der Empathie geschuldet.

Doch will ich nicht einfach nur erläutern, wie wichtig Gefühle sind. Durch die richtige Form der Empathie und das empathische Auftreten erreichen Sie Ungeahntes. Lügner überführen sich fast von alleine, wenn Sie empathisch reagieren und die richtigen Kenntnisse der Psychologie gezielt anwenden können.

Psychologie – die Sprache der Gedanken und Gefühle

Genau an diesem Punkt setzt dann der Baustein der Psychologie ein. Wenn Sie lernen wollen, Menschen zu lesen, müssen Sie verstehen, wie Menschen fühlen und denken. Jede Lüge, die Sie erkennen, jedes Mal, wenn Sie einen Menschen durchschauen, ist dies dem Lesen von Gefühlen und Gedanken geschuldet. Die Psychologie, über welche wir im vierten Kapitel mehr lernen werden, ist die Sprache der Gedanken und Gefühle eines Menschen. Gedanken und Gefühle bestimmen unsere Handlungen und unsere Realität. Wenn Sie beginnen, tief in die Gefühle und Gedanken Ihrer Mitmenschen einzutauchen, sehen Sie die ganze Wahrheit ausgebreitet vor sich liegen. Doch ist die Psychologie ein weites Feld, und selbst ein Studium der Psychologie enthüllt nicht alle ihre Geheimnisse. Wir konzentrieren uns daher in diesem Kontext auf das, was uns dient. Schon Bruce Lee erkannte, dass man nehmen soll, was nützlich ist, und weglassen soll, was unnütz ist. An dieser Strategie knüpfen wir an. Wir konzentrieren uns daher im Bereich der Psychologie darauf, eine Verbindung zu unseren Gesprächspartnern oder Menschen aufbauen zu können, damit wir lernen, diese zu beeinflussen. Der Einfluss auf diese Menschen wird es uns dann ermöglichen, Wahrheit zu erkennen und Täuschungen zu entlarven.

Physiologie – die Sprache des Körpers

Im darauffolgenden Kapitel dann beleuchten wir explizit die Körpersprache, also Mimik und Gestik. Diese zählen zum Themenbereich der Physiologie und bilden das Grundverständnis des Lesens und Durchschauens unserer Mitmenschen anhand von äußeren Erscheinungen und Mustern. Die Physiologie ist sozusagen der Spiegel, in welchen wir schauen, indem wir nicht nur uns selbst wiedererkennen, sondern auch lernen, wie unsere Mitmenschen ticken und funktionieren. Die Körpersprache enthüllt durch Signale und Zeichen, was der Mensch denkt und fühlt, denn da, wo Gedanken und Gefühle herrschen, dort folgt der Körper. Energie fließt, wo unsere Aufmerksamkeit hinschaut, und dort, wo Energie fließt, bewegen sich unsere Muskeln. Unsere Körpersprache folgt unseren Gedanken und präsenten Gefühlen. Sind wir zornig und verstimmt, spiegelt unser Körper das Gefühl durch seine Bewegungen, genauer durch seine Mimik und Gestik. Sind wir glücklich und dankbar, ja auch dann spiegelt der Körper diese Gefühle. Der Körper spiegelt seinen Zustand immer in Harmonie mit seinen Gedanken und Gefühlen. Den Ausdruck dessen sehen wir dann durch die Körpersprache in der Physiologie der Menschen wieder. Durch das Deuten von Körpersprache lernen Sie in diesem Kapitel Menschen zu lesen.

Dekodierung – Gesprächstechniken

Mit der Zielsetzung, Menschen durchschauen zu können, sie zu lesen und Lügen zu entlarven, fahren wir damit fort, einige der Grundlagen zur Enttarnung von Lügen zu schaffen. In diesem Kontext greifen wir auf einige der wirkungsvollsten Gesprächstechniken zurück, die seit den 60er Jahren des 20. Jahrhunderts entwickelt worden sind. Ihr Zweck war in erster Linie die Unterstützung von Soldaten, Agenten und Polizisten. Noch heute werden diese Techniken von diversen Nachrichtendiensten, Behörden und anderen staatlichen Organisationen verwendet. Durch die Vernetzung weltweiter Medien wurden diese Techniken publiziert, und Nachrichtendienste und Behörden mussten die Hosen herunterlassen, um Transparenz über ihre Verhörmethoden zu schaffen. Durch das Dekodieren lernen Sie gezielte Fragetechniken einzusetzen, damit Sie den Schleier der Täuschungen lüften können. Wir pirschen uns an die extremen Fragetechniken heran, von denen einige sogar rechtlich verboten sind, im zivilen Kontext aber sehr wohl angewendet werden können, damit Sie lernen, Wahrheiten zu entschlüsseln, sich aber auch vor eben jenen Techniken zu schützen. In der Dekodierung fließt Ihr vorab gelerntes Wissen von Psychologie, Achtsamkeit, Empathie und Physiologie mit ein.

Das Interview – Wahrheit finden

Im letzten Teil unseres Lernprozesses wagen wir uns an das sogenannte Interview. Das im staatlichen oder militärischen Umgang verwendete Verhör findet im zivilen Sektor ebenfalls seine Bedeutung durch das sogenannte Interview. Das klingt zum Glück nicht ganz so dramatisch. Hier erhalten Sie das Wissen, welches Sie auf Bewerbungsgespräche, Meetings, Verhandlungen oder Verkaufsgespräche anwenden können. Selbstverständlich können Sie die gleichen Techniken auch in Ihrem Privatleben nutzen. In diesem Kapitel werde ich Ihnen die dazu nötigen Schritte erläutern, denn wozu sollten Sie ein Buch lesen, wenn Sie sich am Ende der Lektüre fragen, was Sie nun tun sollen, um das Gelesene anzuwenden? Nur der Anwender vermag sein Wissen im Sinne der Gesellschaft und teilweise auch im Sinne des Eigennutzes zur Entfaltung zu führen. Wenn Sie das Gelesene aber nicht anwenden, haben Sie zwar verstanden, wovon Sie gelesen haben, doch gelernt haben Sie nichts. Das möchte ich um jeden Preis verhindern. Also erhalten Sie von mir einen Aktionsplan für Ihre nächsten Schritte, nachdem Sie diese Lektüre beendet haben. Ebenfalls bekommen Sie von mir einen kleinen Anreiz, weiter in sich selbst zu investieren und Ihre Fähigkeit Menschen zu lesen und zu durchschauen auch weiterhin zu fördern. Doch zu diesem Anreiz mehr am Ende des Buches.

Ich bin mir bewusst darüber, dass all diese Themen zuerst nach einer Menge Arbeit klingen, und Tatsache ist, dass es viele Jahre braucht, um diese Techniken zu perfektionieren. Übung macht den Meister, und schließlich ist von denen noch keiner jemals vom Himmel gefallen. Ich werde Sie also nicht belügen und sage Ihnen, dass es einige Mühen kostet, Lügner zu entlarven. Lebenserfahrung braucht es hierfür nicht. Sie können diese Fähigkeiten in jedem Alter entwickeln. Je öfter Sie die Techniken und Strategien, welche in diesem Buch erörtert werden, nutzen, desto schneller bekommen Sie ein Gefühl für das Erkennen von Lügen. Eines Tages dann sind diese Techniken ein Automatismus und nicht einmal mehr eine Überlegung wert. Wenn Sie diesen Zeitpunkt erreicht haben, haben Sie tatsächlich eine mächtige Waffe in Ihrer Werkzeugkiste dazugewonnen, um Menschen für sich zu gewinnen, Menschen zu durchschauen und die Wahrheit zu finden. In diesem Kontext erlernen Sie diese Fähigkeiten zum Nutzen Ihrer Karriere. Natürlich lassen sich diese Techniken auch im Privatleben anwenden, doch vorerst beschränken wir uns auf das berufliche Szenario.

Achtsamkeit

»*Was jemand denkt, merkt man weniger an seinen Ansichten als an seinem Verhalten.*«

Isaac Bashevis Singer

Irgendwo zwischen Karlsruhe und München steige ich voll auf die Bremse, um zu verhindern, dass ich dem Idioten vor mir auffahre, da dieser ohne ersichtlichen Grund auf der Überholspur der A8 glaubt bremsen zu müssen. Da fällt es mir auf. »Wo sind eigentlich die letzten 100 Kilometer geblieben?«, frage ich mich. Ich war nicht achtsam. Es hatte mich ganz offensichtlich gepackt, und das Autofahren wurde zu einem Automatismus. Als ich meinen Führerschein machte, gab es noch keinen Automatismus. Alles war neu für mich. Das Schalten, die Gänge, das Bremsen, die Kupplung, das Lenken – nicht zu vergessen die ganzen anderen Irren im Straßenverkehr. Ich war – wie Sie wahrscheinlich auch, als Sie Ihren Führerschein gemacht haben – hellwach und hoch konzentriert. Heute ist das alles ein Automatismus, nach all den hunderttausenden von Kilometern.

Wenn uns etwas packt, schalten wir unsere Achtsamkeit ab. Wir sind nicht wirklich da. Wir sind zwar physisch vollkommen anwesend, aber im Geiste sind wir nicht präsent in diesem Moment. Nicht präsent zu sein, können wir uns aber oft nicht leisten. Schon gar nicht, wenn es um das Lesen von Menschen geht. Nehmen wir noch einmal meine Autofahrt: Später dann, ich bin nun endlich in München angekommen, wartet auch schon das erste geschäftliche Gespräch auf mich. Plötzlich ist sie wieder da – die Achtsamkeit. Ich bin hellwach, vollkommen konzentriert. Im Vergleich zur Autobahn kommt einem das Gespräch wie ein irrer Ritt auf LSD vor. (Nicht dass ich das schon einmal ausprobiert hätte!) Bei der Begrüßung und dem darauffolgenden Gespräch bin ich präsent und jede kleine Zuckung, jedes Wort und jede Eigenart fällt mir auf. Ich bin wieder achtsam.

Ohne die Fähigkeit der Achtsamkeit wird Ihnen das bloße Erkennen von Signalen des Körpers, speziell des Gesichtes, wenig bringen. Erst die Fähigkeit, achtsam zu sein und die Gefühle einer anderen Person zu verstehen, ermöglicht Ihnen, Lügen zu erkennen und Menschen zu durchschauen. Ziel ist zwar, Lügner zu enttarnen, aber auch, die Bedürfnisse, Wünsche und Begierden der Menschen aufzudecken. Lügen haben Gründe! Wer lügt, der lügt nicht aus reiner Freude, solange er kein Psychopath ist. Er hat einen Grund für die Lüge, mit welcher er sie rechtfertigt. Sie wollen also nicht nur die Lüge erkennen. Nein, Sie wollen auch die Gründe dafür verstehen. Zusätzlich sind es nicht nur die Lügen. Jede Art von Gefühl ist begründet. Wir Menschen haben nur vergessen, unsere Gefühle zu steuern, uns bewusst über sie zu sein und achtsam mit ihnen umzugehen. Dass mancher dann manchmal nicht vollkommen achtsam ist, während er eine 400 Kilometer lange Pflichtstrecke im Auto absitzt, sei ihm verziehen.

Doch was hat es mit der Achtsamkeit auf sich? Vor allem im spirituellen Kontext sprechen Gurus und spirituelle Führer immer wieder von der Achtsamkeit. Besonders im Buddhismus ist Achtsamkeit ein Schlüsselbegriff. Im Kontext der Wahrheitserkennung aber entfernen wir uns weit von jeglicher Spiritualität. Achtsam zu leben bedeutet, in genau diesem Moment präsent zu sein. Nicht nur physisch, sondern auch emotional und seelisch. Alle Ihre Gedanken befinden sich im Hier und Jetzt. Ihr Fokus ist also auf den Moment ausgerichtet. Wir Menschen verharren einen Großteil unseres Lebens im Morgen oder im Gestern. Wir denken über die Vergangenheit nach und sorgen uns um die Zukunft. Die meisten Menschen sterben eigentlich im Alter von 25 Jahren, werden aber erst im Alter von 75 beerdigt. Sie sind in eine Art Ohnmacht gefallen und leben nur noch vor sich hin, anstatt das Leben bewusst wahrzunehmen und zu erleben. Dabei ist doch alles, was wir wirklich haben, das Heute. Leben Sie bewusst im

Moment und konzentrieren Sie sich auf das, was Sie bewusst wahrnehmen und was jetzt passiert. Dieses Bewusstsein für den Moment zu haben, ist essentiell, wenn Sie lernen wollen, Menschen zu durchschauen und Ihre Absichten zu entlarven.

Wie achtsam sind Sie wirklich? Testen wir dazu einmal Ihre bisherige Achtsamkeit und stellen sie auf den Prüfstand. Könnten Sie mir aus dem Bauch heraus die Farben des RTL-Logos nennen? Wie viele Pfeiler hat die Brücke auf dem 5-Euro-Schein? Welche Farben hat der Google-Schriftzug oder auf welcher Seite befindet sich der Pfeil im FedEx-Logo? Keine Sorge, ich weiß, dass Sie nachschauen müssten, um ganz genau antworten zu können. Unser Gehirn filtert unwichtige Informationen aus und gibt diese unserem Bewusstsein nur preis, wenn wir uns auf sie konzentrieren. Die Achtsamkeit folgt dem Fokus. Heißt das jetzt, dass Sie unachtsam sind, weil Sie die Farben von Google nicht kennen? Nein! Ich möchte Ihnen verdeutlichen, wie wir scheinbar offensichtliche Dinge und alltägliche Geschehnisse völlig ausblenden und als gegeben akzeptieren. Unsere Achtsamkeit scheint erst dann wieder anzuspringen, wenn wir auf die Bremse steigen müssen. Das Unterbewusstsein sieht alles mit, schreit »Achtung«, und das Bewusstsein wacht auf und reagiert. Manche Menschen begegnen sogar ihren Mitmenschen oder Beziehungen mit dieser Unachtsamkeit. Sie vergessen den Geburtstag ihrer Liebsten und stellen sich jedes Jahr die Frage: »Oh, gestern war Valentinstag?« Sie vergessen das wichtige Kundengespräch, das vor Wochen anberaumte Meeting oder darauf zu achten, welche Personalgespräche längst überfällig sind. Solange der Rubel rollt, gibt es wenig Anlass, achtsam zu sein. Stellen Sie sich also einmal diese Frage: »Wie achtsam bin ich wirklich?«

Es ist ein sonniger Abend in einem Restaurant am Rhein. Die Sonne geht gerade unter, und die letzten Strahlen des Sommertages werden von Ihnen und Ihren Kunden mit einem Lächeln eingefangen. Das Meeting ist gut verlaufen, und man möchte nun die erfolgreichen Gespräche in entspanntem Restaurantumfeld ausklingen lassen.

Ihre Geschäftspartner atmen die frische Luft tief ein und genießen mit Ihnen gemeinsam den klaren Abend und die Terrassenatmosphäre des Lokals. Man lacht und trinkt. Die Freude über geglückte Verträge steht Ihnen ins Gesicht geschrieben. Sie haben gerade bestellt und warten nun gemeinsam auf die Vorspeisen. Sie achten auf jede kleine Äußerung, jede Bewegung, jedes Zucken, die Stimmlage, den Tonfall, die Mimik und die Gestik Ihrer Gesprächspartner. Sie sind ganz in diesem Moment verankert und achten auf das Verhalten Ihrer Geschäftskollegen. Sie können es sich nicht leisten, jetzt nicht präsent zu sein. Diesen Moment erleben Sie in völliger Achtsamkeit. Ihr Bewusstsein befindet sich im Hier und Jetzt, und keiner Ihrer Gedanken wandert ab. Dieses Bewusstsein, diese Achtsamkeit erlaubt Ihnen, alles über einen Menschen herauszufinden. Diese Achtsamkeit bildet die Grundlage für alles, was Sie in diesem Buch lernen werden.

Die bloßen Techniken zu verstehen, damit wird es nicht getan sein. Sie müssen mehr als das lernen. Sie müssen damit beginnen, die Momente des Lebens und die Kommunikation zwischen Menschen bewusst wahrzunehmen. Sowohl die Wahrheit als auch die Täuschung liegen beide zwischen den Worten, in den kleinen Momenten verräterischer Bewegungen und Zuckungen. So erkannten Sie zum Beispiel an der kurzen Muskelbewegung der rechten Mundwinkel Ihres Kunden, dass Ihre Geschäftspartner über das abgeschlossene Angebot überaus zufrieden sind. Doch hinter der Zufriedenheit erkennen Sie ein Maß der Verachtung gegenüber Ihrem zuerst getroffenen Angebot. Der Preis schien wohl zu hoch zu sein. Sie haben dies erkannt und sprechen daher von einer flexiblen Preisfindung. Man werde sich arrangieren, stellen Sie fest. Durch diesen cleveren Schachzug kamen Sie am Mittag ins Geschäft und abends ins Lokal. Die Wertschätzung, die Sie Ihren Kunden erwiesen, führte zum Abschluss. Wertschätzung erfolgt durch Achtsamkeit. Somit ist die Achtsamkeit derjenige Schlüssel, der Ihnen erlaubt, buchstäblich alles zu erreichen, denn jeder Weg führt über den einen oder anderen Menschen. Achtsamkeit ist die Grundlage für Verständnis, für das Verzeihen von Fehlern, für Geduld, Erfolg und Lebensqualität. Je achtsamer Sie sind, desto mehr erleben Sie von Ihrem Leben und desto mehr können Sie von Ihrem Leben erwarten. Die tolle Nachricht ist, dass wir alle achtsam sein können. Wir sind es sogar ab und an. Jedoch lebt ein Großteil der Menschen in einem Automatismus, in einer verhängnisvollen Gewohnheit. Die Gewohnheit, die Speisekarte zu studieren, anstatt dem Partner zuzuhören, oder 80 Prozent des Abends über sich selbst zu sprechen, anstatt den Kunden zu Wort kommen zu lassen, obwohl diesem oder dieser doch so Wichtiges auf der Seele brennt, was über die Lippen soll und auch muss. Ich erlebe diesen Automatismus leider auch und besonders in den Momenten, in denen ich wieder in eine Routine verfalle. Dann kneife ich mich gerne selbst, um mir wieder bewusst zu werden, dass alles, was bleibt, jetzt passiert. Dabei können wir alle achtsam sein. Doch, wir müssen es üben und anwenden. Die absolute Achtsamkeit, so sagte es mir einst ein buddhistischer Mönch, erfordert tägliches Training und ein Leben der Disziplin. Doch schon nach einigen Wochen können auch Sie, ohne Mönch sein zu müssen, bemerken, wie bewusst Sie Ihr Leben und Ihre Mitmenschen wahrnehmen. Auch Ihre Mitmenschen merken dies und werden es Ihnen dankbar zeigen. Durch Achtsamkeit verbessern sich Ihr berufliches Leben und Ihr Erfolg, Ihre Beziehungen und auch Ihre finanzielle Situation. Ihr Leben, das vorher wie ein Schwarz-Weiß-Film gewirkt hat, wird an Farbe dazugewinnen und sich entfalten, wenn Sie beginnen, wirklich achtsam zu leben.

Um achtsamer zu leben und um schlussendlich Menschen besser lesen und durchschauen zu können, kann Ihnen folgende Übung helfen. Diese können Sie an jedem Ort und zu jeder Zeit durchführen. Mein persönlicher Lieblingsort dafür ist die Eisdiele der Stadt. Während ich ein Eis löffle oder einen Milkshake genieße, beobachte ich gerne die Menschen. Ich schaue mir die Gesichter an, lausche den Bruchstücken von Gesprächen, die ich hören kann. Ich achte auf ihre Haltung, ihre Atmung, ihre Gesichtsausdrücke, und all das ohne jegliche Wertung. Sie können diese Übung selbstverständlich ohne Vanilleeis machen. Alles, was Sie brauchen, ist die nötige Distanz zu einer Gruppe von Menschen. Dafür reicht ein Kaufhaus, ein Restaurant oder ein anderer öffentlicher Ort aus. Konzentrieren Sie sich bewusst auf den Menschen. Nehmen Sie so viele Einzelheiten wahr, wie Sie nur können. Dabei werten Sie nicht. Sie analysieren auch nicht. Sie stellen bloß fest. Sie sind in jenem Moment vollständig achtsam und leben genau in diesem Augenblick. Konzentrieren Sie sich dabei auf die Einzelheiten. Passt die Kleidung zusammen? Trägt die Person Schmuck, die das Bild abrundet? Trägt der Mann vor Ihnen nicht nur ein Hemd, sondern sogar eines mit Manschette und dazu passend ausgewählten Manschettenknöpfen? Beobachten Sie die Besonderheiten der Erscheinung. Die Haare, die Augen, die Nase, die Finger und die Handflächen. Nehmen Sie die Einzelheiten schweigend zur Kenntnis. Würden Sie werten, könnten Sie, ohne den Menschen zu kennen, schon vermuten, ob dieser eher ein Manager oder ein Handwerker ist. Die Handflächen eines Handwerkers unterscheiden sich kolossal von denen eines Verkäufers. In diesem Fall jedoch werten Sie nicht. Sie trainieren lediglich Ihre Wahrnehmung. Versuchen Sie dabei auch jedes Gespräch, Telefonat oder am besten die komplette Nutzung Ihres Telefons zu unterlassen. Seien Sie einfach nur schweigend in diesem Moment an diesem Ort präsent. Ein bekanntes Gedicht mit der Zeile »schweigend ins Gespräch vertieft« fällt mir dazu gerne ein. Wenn Sie dann Ihr Eis nach der Übung löffeln, bin ich mir sicher, dass Ihnen selbst der Geschmack intensiver vorkommt. Wahre Achtsamkeit verstärkt unser ganzes Leben.

Andere Möglichkeiten, Ihre Achtsamkeit zu verbessern, sind Grundübungen der Meditationslehre oder Achtsamkeitslehre. Einige dieser Übungen können hier helfen, solange Sie diese regelmäßig durchführen. Wenn Sie gelernt haben, wie Sie blitzschnell in den Modus der Achtsamkeit umschalten können, bleiben Sie beim nächsten Mal nicht in der Eisdiele, sondern wenden Sie diese Technik in einem Meeting an. Auf einmal sehen Sie, dass ein Teil der Kollegen in einer Schockstarre vor dem Chef verharrt und wieder ein anderer Teil sogar schon innerlich gekündigt hat. Sie können Beziehungen zwischen Menschen erkennen und sogar aufdecken. Sie können Gruppen filtern und erkennen, wer zu wem gehört und wer die dominantere Person der Gruppe ist. Wer ist der Anführer und wer folgt? Auch während der Gespräche fallen Ihnen Einzelheiten der Sprache, des Wortlauts, der Gestik und Mimik sowie der Tonalität auf. Selbst ohne Training bemerken wir dann die Eigenarten der Menschen. Doch um die vermeintlichen Kleinigkeiten zu sehen, brauchen wir Übung. Die Achtsamkeit arbeitet wie eine Art Muskel und lässt sich leicht trainieren. Ähnlich wie Ihre Intuition. Je öfter Sie diese trainieren, desto größer wird der Muskel, und desto einfach wird es für Sie, Menschen zu durchschauen.

Dadurch, dass Sie Ihre volle Konzentration auf den Moment richten, erreichen Sie ebenso die Grundlage, um ein Gespräch zu kontrollieren, Gedanken zu lesen und Gefühle und Absichten zu steuern. Wer ohne die Achtsamkeit versucht, Menschen zu lesen, wird keinen Erfolg haben. Nur wer es vermag zu fühlen, ohne zu hören, wer schmeckt ohne zu sehen, wer sieht, ohne zu werten, und wer hört, ohne zu sehen, wer in diesem Moment lebt und nicht bereits im nächsten Moment oder gar im Letzten verharrt, der wird erkennen, was klar vor uns ausgebreitet liegt. Dort wo Ihr Fokus hinfließt, dort wo Ihre Achtsamkeit und Aufmerksamkeit ist, können auch Sie Täuschungen erkennen und Menschen durchschauen.

Ein netter Nebeneffekt des Trainings Ihrer Achtsamkeit ist, dass Ihre Intuition sich gleichzeitig mitverbessert. Ihr Bauchgefühl, das zum Einsatz kommt, wenn sie einen ersten oder zweiten Eindruck von einem Menschen gewinnen, wird gleichzeitig mittrainiert und gewinnt an Stärke, je achtsamer Sie leben. Es wird Ihnen leichter fallen, Ihrer Intuition zu folgen und auf sie zu hören. Die Stimme der Intuition, die Sie hören, wird lauter und klarer sein. Dies wiederum verbessert Ihre Menschenkenntnis und Ihr Gespür für richtige oder falsche Geschäftspartner, richtige oder falsche Freunde und aufrichtige oder unehrliche Menschen.

Empathie

»Was ist das Schwerste von allem? Was dir das Leichteste dünket.
Mit den Augen zu sehen, was vor den Augen dir lieget.«

Johann Wolfgang von Goethe

Vor einem guten Jahr rief mich eine Mitarbeiterin an. Sie könne nicht zur Arbeit kommen. Ihr Sohn hätte einen Autounfall gehabt. Sie schien gefasst zu sein, und ihre Stimme klang ruhig und entspannt. Ich kam ihren Ausflüchten zuvor und fragte: »Geht es Ihrem Sohn gut? Fahren Sie lieber ins Krankenhaus. Ich sage den Kollegen Bescheid, dass Sie sich verspäten werden.« Sie stockte kurz und fing an zu weinen. »Ich rufe später noch einmal durch und werde mich nach Ihnen und Ihrem Sohn erkundigen«, sagte ich. »Ich bin mir sicher, dass er schnell wieder auf den Beinen ist, und um das Auto machen Sie sich bitte keine Sorgen. Das ist nur Blech«, konnte ich noch ergänzen, bevor sie sich wieder fasste und verabschiedete. Ich glaubte ihrer Geschichte nicht. Etwas anderes schien sie zu bedrücken. Es stellte sich heraus, dass ihr Sohn zwar im Krankenhaus lag, es aber keinen Autounfall gegeben hatte. Ihr Sohn war bereits seit einer Woche auf der Station. Stattdessen fürchtete sich die Mitarbeiterin zur Arbeit zu kommen, da sie und ihr Sohn häusliche Gewalt durch ihren Lebensgefährten erfahren hatten und sie sich dafür schämte, dass man sie nun so sehen könnte. Als ich wenig später Informationen von Dritten erhalten hatte und wieder mit ihr telefonierte, fragte ich sie nach Einzelheiten des Unfalls und der ärztlichen Diagnose. Ihre Antworten waren kurz, unpräzise und schienen einer chronologischen Logik zu folgen. Ihre Geschichte war vorbereitet. Wahrheit wird hingegen gerne mit Bildern, Gefühlen und Erfahrungsberichten ausgeschmückt. Die Wahrheit liegt in diesen Bildern. Lügner erzählen wenige Details in einer Geschichte. Ihre Lügengeschichten sind meist sortiert und folgen einer Reihenfolge. Oft sogar hat sich ein Lügner vorab die Geschichte zurechtgelegt und die Fakten herausgearbeitet. Die Lüge ist in solchen Geschichten oft gut erkennbar. Ich ließ die Lügen für den Moment gewähren. Zwei Tage später rief die Mitarbeiterin mich wieder an. »Wollen Sie mir etwas beichten?«, fragte ich sie. Sie gestand daraufhin ihre Lüge und auch die Misshandlungen durch ihren Partner.

Durch das Erkennen und durch das Lesen von Gefühlen können Sie Wahrheit und Täuschung beim Schopfe packen. Die Fähigkeit, diese Gefühle mitzuempfinden und auf sie entsprechend zu reagieren, nennt sich Empathie. Der Psychologe Daniel Goleman beschrieb die Empathie in einem seiner Vorträge als die »Kunst der Gestaltung von menschlichen Beziehungen«. Tatsächlich ist sie genau dies. Sie gestaltet, erobert, verbreitet, begründet, verknüpft und baut auf. Unser Körper ist in der Lage, menschliche Gefühle zu erkennen und nachzuempfinden. Das Miteinander hat sozialwissenschaftlich vor allem überlebensnotwendige Gründe gehabt. Ohne Gefühle und die Fähigkeit diese zum Ausdruck zu bringen, wäre unsere Spezies niemals die dominierende der Welt geworden. Auch wenn es natürlich Ausnahmen gibt und diese durch sich selbst bestätigt werden.

Die psychische Krankheit Alexithymie, bei der die Betroffenen ihre eigenen Gefühle nicht richtig wahrnehmen können, ist eine dieser Seltenheiten, welche der Forschung in den letzten Jahren bekannt wurden. Diese Krankheit ist viel mehr noch ein Persönlichkeitsmerkmal, welches auch in Deutschland oder Europa verbreitet ist. Experten schätzen sogar, dass gut zehn Prozent aller Menschen gefühlsblind sind und Alexithymie haben. So jedenfalls eine Aussage der Psychotherapeutin Dr. Subic-Wrana.[16] Auch Menschen, die unter dem Asperger-Syndrom leiden, können die menschlichen Gefühle nicht zuordnen. Das Erkennen von Gefühlen anderer Menschen ist den Menschen mit Asperger-Syndrom nicht möglich, während jene, die unter Alexithymie leiden, die eigenen Gefühle nicht richtig deuten können. Mimik und Gestik sind für sie wie zwei Bücher mit sieben Siegeln, welche sie niemals zu öffnen im Stande sein werden. Vielleicht, so scheint es mir, werden wir Menschen gefühlsblinder gegenüber unseren Mitmenschen, in einer Zeit von digitalen und sozialen Medien, in der das Präsentieren viel wichtiger zu sein scheint als das tatsächliche Erleben und Teilen unseres Lebens miteinander.

Gefühle sind zwar der Schlüssel zum Tor des Durchschauens von Menschen und dem Lesen von Lügen, aber so einfach scheint das Ganze dann wohl doch nicht zu sein. Schließlich sind wir Menschen keine Überflieger im Lügenerkennen noch im Erkennen von Grundemotionen, geschweige denn von komplexeren Emotionen. Hier einmal ein Beispiel und eine kleine Übung für Sie: Welches Gefühl erkennen Sie im folgenden Bild?

Haben Sie sich schnell entschieden? Denn meist bleibt nicht mehr als 1/5 einer Sekunde Zeit, um ein wahrhaftiges Bild einer Emotion durch einen Mikroausdruck zu bekommen. Für viele mag der erste Eindruck sein, dass die Person auf dem Bild etwas vergessen hat. »Verdammt, da war doch was?« Dieser Makroausdruck von Scham ist deutlich länger als einen Bruchteil einer Sekunde zu erkennen. Das typische Sich-an-den-Kopf-Fassen ist ein Zeichen dafür, dass man sich selbst fragt, ob der Kopf überhaupt noch dran ist. »Hab ich den Stecker von der Bügelmaschine aus der Steckdose gezogen? Was ist, wenn er noch steckt und angeschaltet ist?« Oft erkennen Sie diesen Ausdruck, wenn jemand sich seiner Taten schämt oder sie einem peinlich sind. Der gesenkte Blick unterstützt und unterstreicht diesen kinästhetischen Ausdruck.

Empathisch sein bedeutet, diese Dinge lesen zu können. Empathisch sein bedeutet auch, in der richtigen Art und Weise mit diesem Gefühl umzugehen und unseren Mitmenschen entsprechend zu begegnen. Tatsache ist, dass es doch genügend Menschen gibt, die einen Ausdruck unbewusst wahrnehmen, aber auf eine Frage hin den Eindruck nicht korrekt deuten können. Es ist nur so ein »*Gefühl*« für sie. In diesem Falle mag die Intuition zwar greifen, doch das nötige Fachwissen dazu fehlt, um Eindrücke präzise deuten zu können, und genau hier liegt auch das wahre Problem begraben. Niemand kann so richtig klar deuten, worum es sich handelt, wenn man dies nicht gelernt hat. Zwar können wir schon als Baby das Lächeln auf Mamas Gesicht erkennen, doch bei 34 Muskeln im Gesicht und den daraus resultierenden tausenden Variationen von Gesichtsausdrücken, fällt uns Menschen gerade einmal das Erkennen von Grundemotionen leicht. Wie steht es mit komplexeren Emotionen? Hier noch einmal ein Beispiel: Erkennen Sie den Unterschied der Emotion? Welche Emotionen finden Sie in den beiden folgenden Bildern wieder?

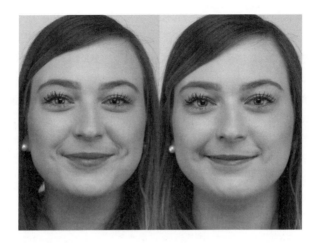

Dieses Beispiel ist schon wesentlich schwerer als das vorangegangene Bild. In diesem Fall handelt es sich um wahrhaft empfundene Freude. Jedenfalls im linken Bild. Das rechte Bild ist jedoch das Gefühl der Zufriedenheit, erkennbar an der einseitigen Bewegung der Mundwinkel. Auch wenn es beides Gefühle der Kategorie Freude sind, so zeigen sie dem Beobachter doch Unterschiedliches. Aber zum Thema Mimik mehr im Verlaufe des Buches.

Fakt bleibt, dass wir das genaue Erkennen von Gefühlen und Emotionen nur heucheln können und wir ohne Übung und Training nur wenige Kenntnisse besitzen. Wir entwickeln meist eine Ahnung, wie sich unsere Mitmenschen fühlen, können aber nicht genau greifen, welches Gefühl es wirklich ist.

Grundsätzlich gibt es zwei Formen der Empathie. Bei der ersten Form der Empathie sprechen wir von der kognitiven Empathie, der Form von Empathie, die uns ermöglicht, Gefühle von anderen Menschen lesen zu können. Die andere Form der Empathie ist die sogenannte emotionale oder affektive Empathie, jene Empathie, die uns die Gefühle eines anderen Menschen nicht nur erkennen, sondern sie auch mitfühlen lässt. So können wir beispielsweise Traurigkeit erkennen und spiegeln komischerweise automatisch das Verhalten und fühlen uns in die Trauer eines anderen Menschen hinein. Dies geht besonders einfach, wenn wir eine Referenz für dieses Gefühl haben – also eine ähnliche Erfahrung, die wir gemacht haben. So ist es für Menschen, die von einem traumatischen Ereignis hören, einfacher, sich in dieses hineinzuversetzen, wenn sie selbst einmal eines erlebt haben. Haben wir keine Referenz, ist dies immer noch möglich, doch bei Weitem nicht mehr so einfach. Der Weg zu Empathie und Mitgefühl ist Geduld und Verständnis. Auch die Aufmerksamkeit, das Interesse und die Achtsamkeit spielen eine große Rolle. Dazu ein Beispiel:

Sie kommen mit einem Arbeitskollegen ins Gespräch, der Ihnen gerade seinen Ärger darüber zeigt, dass er am Aktienmarkt Geld investierte, spekulierte und das Geld verlor. Durch die Aussage: »Ich musste die Aktien verkaufen, um noch wenigstens etwas Geld zu retten«, erkennen Sie den Zwang, den Ihr Gesprächspartner empfindet. Durch das aufmerksame Zuhören und Beobachten erkennen Sie weder Zorn noch Ärger, sondern einen Ausdruck von Verzweiflung, welcher dem der Traurigkeit ähnelt. Sie fragen daraufhin, ob er sonst noch finanzielle Probleme habe oder ob er den Verlust ausgleichen könne. Sie gehen gar nicht erst auf den Zorn ein, da er schlichtweg nicht empfunden wird. Wir glauben zwar, dass ein Geldverlust Zorn hervorruft, doch tatsächlich empfindet der Gesprächspartner Verzweiflung statt Ärger. Durch das geduldige Zuhören und durch Ihre Achtsamkeit konnten Sie dies erkennen und gehen nun völlig anders mit der Situation um, als es vorher vielleicht der Fall gewesen wäre. Sie besänftigen nun nicht den Zorn, sondern sprechen von Verständnis für die Verzweiflung und bieten Hilfe oder Lösungen an. Das Gespräch hätte einen völlig anderen Verlauf genommen, wären Sie von Ihren Emotionen in diesem Fall ausgegangen, anstatt die tatsächlichen Emotionen nachzuempfinden, die Ihr Gesprächspartner verspürt. Wenn Ihnen jedoch egal ist, wie andere Menschen sich fühlen, ist Ihnen nicht mehr zu helfen. Ich kannte beispielsweise einmal einen Geschäftsmann, einen Verkäufer von Versicherungen, der genauso war. Ihm war egal, was sein

Kunde brauchte und welche Wünsche und Bedürfnisse dieser hatte. »Hauptsache, die Provision stimmt, und dass ich am Wochenende raus auf das Landhaus komme«, sagte er. Irgendwann stimmte die Provision einfach nicht mehr, da seine Kunden von ihm zu anderen Beratern wechselten, die ernsthaftes und wahrhaftiges Interesse an den Wünschen des Kunden zeigten. Empathie ist nur schwer heuchelbar, und wir Menschen spüren, wenn jemand vor uns sitzt, der sich irgendwie falsch anfühlt. Wir haben dann so eine Art schlechtes Bauchgefühl und können diesem auch vollständig vertrauen. Unsere Intuition lässt uns nur selten im Stich. Der Psychologe Arthur Ciaramicoli hätte den mir bekannten Versicherungsverkäufer wohl als funktional empathisch eingestuft. Während wir nach Ekman vor allem emotional oder kognitiv empathisch sind, so spricht Ciaramicoli[17] von der funktionalen Empathie, der manipulativen Empathie, welche wir vorgaukeln, um unser Gegenüber in die Irre zu führen, es zu benutzen und womöglich auszubeuten. Doch diese Lüge währt meist nicht lange.

Empathisch sein heißt erfolgreich sein. Der Umgang mit Menschen, sei es im geschäftlichen oder privaten Leben, ist unumgänglich. Weder Maschinen noch Technik anderer Art bestimmen Ihr Leben und Ihren Erfolg. Es sind die Menschen, mit denen Sie agieren, welche Ihr Leben mitbestimmen. Ob Ihnen das schmeckt oder nicht, so müssen Sie dies doch akzeptieren. Denn wer Empathie empfinden kann, der kann daraus Sympathien schaffen, die er oder sie mit anderen Menschen teilt. Wir müssen sensibel sein für die Gefühle anderer Menschen. Das bedeutet nicht, dass wir auch sensibel mit unseren eigenen Emotionen sein müssen. Vor allem Männer sind nur ungern sensibel. Der starke Mann hat schließlich keine Zeit für so einen Firlefanz. Ich beobachte heutzutage sogar, dass selbst das sensiblere Geschlecht am liebsten weniger fühlen und mitempfinden möchte. Vor allem von frisch getrennten Paaren hört man Worte wie: »Gefühle bringen mir nichts. Ich konzentriere mich lieber auf meine Karriere.« Wenn Sie selbst empathisch sind, können Sie erkennen, dass diese Sätze die reinste Lüge sind, und die Menschen sich hinter ihrer vermeintlichen Stärke nur verbergen, um ihren Schmerz und ihre Zerbrechlichkeit nicht preiszugeben. Alles Fassade! Denn Gefühle empfinden heißt auch Risiken einzugehen – das Risiko, von anderen Menschen verletzt oder ausgenutzt zu werden.

Empathisch sein bedeutet Gefühle zu erkennen, zu verstehen und sie zu nutzen. Für die meisten Menschen sind Gefühle immer nur ein großer Stein, der ihnen im Weg ist. Sie wollen etwas über Körpersprache lernen, um das Gegenüber zu entzaubern. Dabei verzaubern sie sich selbst mit dem Fluch der Ignoranz. Sie verstehen ihre Gefühle nicht, und wenn es den Menschen längere Zeit schlecht geht und das Leben nichts Besseres zu geben vermag als Schmerz und Leid, greifen viele unter ihnen zu Tabletten oder anderen Mitteln und erhoffen sich durch eine externe Beeinflussung Linderung ihrer Probleme. Natürlich funktioniert dies aber nur so lange, wie die Tabletten wirken. Ob das der richtige Weg ist, überlasse ich jedem selbst.

Jede Stärke, jedes Glück, aber auch jeder Schmerz ist in erster Linie ein Resultat unserer Gefühle, die von innen kommen. Unsere Gefühlswelt kann daher niemals durch äußere Umstände beeinflusst werden, solange wir dies nicht erlauben und uns durch diese Umstände beeinflussen lassen. Der Mann, der sich gekränkt fühlt, weil er die Beförderung nicht bekam. Die Frau, die enttäuscht ist, weil ihr Mann mal wieder zu spät von der Arbeit nach Hause gekommen ist. All diese Gefühle sind ein Resultat dessen, was wir uns einreden. Wir steigern uns dann oft in diese Dinge rein, blenden die Realität aus und fragen uns: »Was wäre wenn?« Es sind also meist unsere Gedanken, die unsere Gefühle beeinflussen und das, was wir uns selber sagen und einreden. Unser Ego, unser Verhalten und unsere Vorstellungen beeinflussen uns dann. Es kommt aber gar nicht so sehr darauf an, was passiert, sondern viel mehr darauf, wie wir mit dem Ereignis umgehen und wie wir auf dieses reagieren.

Empathie

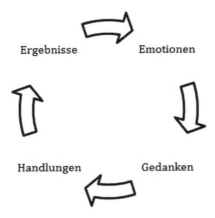

Schon in meinem Buch *Finanzielle Intelligenz – Was Sie in der Schule hätten lernen sollen*, sprach ich über die Macht der Gefühle und ihren Einfluss auf unser Leben – auch auf unser finanzielles Leben.

Gefühle zu verstehen, bedeutet empathisch zu sein. Gefühle zu steuern, bedeutet erfolgreich zu sein. Wir müssen verstehen, dass Emotionen unsere Gedanken erzeugen, die unsere Handlungen beeinflussen, welche schlussendlich unsere Ergebnisse und damit unser Leben bestimmen. Menschen, die eben diesen Kreislauf beeinflussen wollen, können nur Kontrolle über diesen gewinnen, wenn sie die Art und Weise ihres Denkens überarbeiten und verändern. Was aber hat das mit dem Erkennen von Lügen zu tun? Lügen haben ein Muster, genauso wie es Gefühle haben. Das Lügen basiert meist auf einem Gefühl. Entweder ist dieses einfacher oder komplexer Natur. Der Mann, der im Warenlager auf der Arbeit das Paket öffnet und den Inhalt mitgehen lässt, tut dies vielleicht, weil er dringend Geld braucht oder weil er seinem Chef einen reinwürgen möchte. In beiden Fällen ist die Emotion der Auslöser. Wenn der Dieb zu dem Diebstahl befragt wird, lügt er plötzlich und behauptet, das Paket nicht geöffnet zu haben. In diesem Fall können es Angst und Zorn sein, die ihn zu der Lüge bewegen. Um Lügen zu erkennen, also die Ergebnisse oder Handlungen der Lüge zu enttarnen, müssen wir die Emotionen und Gedanken hinter der Lüge analysieren und verstehen. Dafür müssen wir vorerst Gefühle einordnen und die Sprache der Emotionen sprechen lernen. Das klingt zwar etwas wie ein Rat von Rosamunde Pilcher, aber es ist der einzige Weg, Lügen nachhaltig zu erkennen und Menschen zu lesen. Diese Sprache der Gefühle ist ein Teil der Psychologie, nach dem griechischen *psychologia* oder zu deutsch »Seelenkunde«. Zum Glück können wir auf die gute alte Empirie zurückgreifen und müssen nicht jedes Gefühl eines Menschen analysieren. Wir können uns also darauf verlassen, dass Menschen fühlen und unsere Gefühle uns mit zu dem machen, was wir sind.

Besonders in der geschäftlichen Welt sind Gefühle gerne verpönt. Es heißt schließlich, dass Gefühle nicht ins Business gehören. Wer sich diesen Schwachsinn ausgedacht hat, weiß ich jedoch nicht. Menschen empfinden Gefühle, und das auch, wenn sie morgens ins Büro oder ins Geschäft gehen. Gefühle zu akzeptieren und sie als das zu nutzen, was sie sind, kann Abteilungsleitern, Unternehmern und Managern helfen, erfolgreich zu sein. Denn jede Führungskraft hat die Verantwortung für ihre Mitarbeiter, und das bedeutet auch, dass sie sich um diese sorgt und kümmert. In erster Linie ist ein Betrieb nicht nur eine profitorientierte Maschine. Sie ist eben auch ein soziales Konstrukt, das durch ein soziales Miteinander existiert. Gefühle gehören ins Geschäft, genauso wie eine ruhige und konzentrierte Art des Umgangs miteinander. Selbst der härteste Manager empfindet etwas. Meist befindet sich unter der harten Schale der Menschen ein Meer an Gefühlen. Doch niemand will diese unbedingt zeigen. Gefühle zu zeigen, heißt für viele Führungskräfte, Schwäche zu zeigen. Da jedes Geschäft erbarmungslos ist, resultiert dies darin, dass derjenige, der Gefühle zeigt, sofort gefressen wird. Der Härteste und Profitabelste bleibt am Leben. Dieser Darwinismus hat bei vielen Menschen zu einer abgestumpften Art geführt. Empathie ist jedoch kein esoterischer Erguss über feministische Gefühle oder über einen neuen Artikel aus der *Bunten*. Empathie ist die Fähigkeit, die Sie wachsen lässt, die andere Menschen beeinflusst, überzeugt und mit der man andere für sich gewinnen kann. Durch die Empathie gewinnen Sie an Einflusskompetenz. Mit dieser können Sie neben Ihrer Sachkompetenz brillieren und glänzen. Seien Sie daher achtsam mit Ihren eigenen Gefühlen und den Gefühlen anderer. Es bedarf keines Talentes, um dies zu erlernen. Es bedarf viel mehr des wahren Interesses an anderen Menschen und des Ziels mit sich selbst im Reinen zu sein, um Menschen besser zu verstehen und herauszufinden, wie diese ticken. Ihr Umgang mit Gefühlen, auch mit den Gefühlen Dritter, sagt also viel mehr über Sie selbst als über andere aus. Seien Sie sich daher über Ihre eigenen Gefühle und die Gefühle anderer Menschen bewusst. Die folgenden Techniken im Verlaufe dieses Buches werden Ihnen dabei helfen.

Psychologie

» Mich hält kein Band, mich fesselt keine Schranke,
frei schwing ich mich durch alle Räume fort.
Mein unermesslich Reich ist der Gedanke,
und mein geflügelt Werkzeug ist das Wort. «

Friedrich Schiller

Worte sind ein mächtiges Werkzeug um zu beeinflussen, zu dirigieren, zu lenken und zu steuern. Unsere Worte können vernichten, aber auch aufbauen und erschaffen. Durch die richtige Wortwahl können wir zur Wahrheit gelangen und Lügner überführen. Wir können Vertrauen schaffen oder Brücken bauen, um Vertrauen zu ermöglichen. Die richtige Wortwahl ist von entscheidender Bedeutung, wenn Sie lernen wollen, wie Sie Lügner überführen und Täuschungen entlarven können. Dazu fällt mir das lyrische Werk von René Borbonus ein, mit seinen Worten: » Achte auf Deine Worte! Vor allem auf die Sorte derer, die verletzen – die Menschen entsetzen, die Nationen auseinanderdividieren, ohne sich vor Unwahrheiten zu genieren. Und deshalb: Achte auf Deine Worte! Und wähle eine Sorte, die Menschen vielleicht sogar beglückt. In denen sich Respekt nicht allzu sehr versteckt. Und deshalb: Achte auf Deine Worte! Denn Worte können heilen, und also lass uns doch verweilen – im Nachdenken, im Sinnieren. Denn gute Worte brauchen Zeit. Worte berühren, verführen, betören und zerstören. Worte verletzen und können heilen. Mal eilen sie von Herz zu Herz, kritisieren und verursachen Schmerz. Worte phantasieren, dirigieren, schwadronieren, kontrollieren, insistieren, faszinieren, aktivieren. Worte bringen gute Ziele zum Sieg. Gewinnen und nehmen Abschied. Worte formen Beziehungen. Und auch, wenn es Dich bedrückt, sie entscheiden über Glück – und Unglück. Worte weisen Dich in Deine Schranken oder lassen Dich Gedanken tanken. Worte kannst Du wörtlich nehmen. Und deshalb: Achte auf Deine Worte! Also los! Machen wir die Welt zu einem besseren Ort. Und am Anfang steht das Wort!«

Die Sprache der Gefühle und Gedanken ist die Psychologie. Zwar ist der wissenschaftliche Bereich der Psychologie weitaus mehr als nur das Abbild einer Erkenntnis vom Lesen von Gefühlen und Gedanken, doch tatsächlich nutzen wir in diesem Buch die Psychologie rein als Mittel zum Zweck, um Gefühle und Gedanken anderer Menschen zu lesen und auch zu beeinflussen. Mit bestimmten Worten kann man Menschen lenken. Wir können die Gefühle in der Klangfarbe, im Ton, in der Wortwahl und dem Ausdruck erkennen, ohne dass wir dafür studiert oder promoviert haben müssten. In diesem Kontext erlernen wir, welche Gefühle und Gedanken einen Lügner verraten. Wir sprachen schon vorhin von der Entlarvung von Lügen und dass sich die Gefühle des Menschen im direkten Verhältnis in der Körpersprache zeigen. Der Körper folgt dem Gedachten, und so kommt es, dass alle unsere Gefühle und Gedanken unsere Physiologie bestimmen. Also nimmt de facto unsere Psychologie Einfluss auf unsere Physiologie. Um zum Beispiel die Physiologie eines zornigen Menschen zu entspannen und ihn aus seiner Raserei zu bringen, müssen wir seine Psychologie beeinflussen. Hier ein Beispiel:

Vor einigen Monaten saß ich einer Fachkonferenz bei. Während der Pause kam ich ins Gespräch mit zwei Geschäftsführern unterschiedlicher Betriebe, die sich in der Sicherheitsbranche einen Namen machten. Als eine junge Mitarbeiterin zu ihrer Geschäftsführerin dazukam und uns unterbrach, flippte diese daraufhin völlig aus. Sie beschimpfte die Mitarbeiterin, was sie sich denken würde, uns zu unterbrechen und ob ihre Eltern ihr kein Benehmen vermittelt hätten. Die junge Frau erschrak und stand wie angewurzelt da. Sie wusste scheinbar nicht, wie ihr geschah. Auch ich war über das cholerische Verhalten kurz entsetzt. »Ach, das ist schon okay. Ihr

Anliegen wird sicherlich von größerer Wichtigkeit sein als unsere wilden Philosophien. Bitte, nehmen Sie sich ruhig den Moment«, sagte ich und versuchte die Situation zu entschärfen. Daraufhin zogen beide ab. Wenig später kam die Geschäftsführerin ohne ihre Mitarbeiterin zurück und regte sich erneut über das Verhalten ihrer Mitarbeiterin auf. Sie sagte, sie würde diese bei nächster Gelegenheit rausschmeißen. »Bist du Enzo Ferrari?«, fragte ich sie verblüfft. Erstaunt antwortete Sie: »Was? Wer? Nein!« »Dann hast du Glück gehabt. Sein Verhalten provozierte Lamborghini. Dieser gründete daraufhin die Firma Lamborghini, den stärksten Kontrahenten Ferraris«, ergänzte ich. Sie stockte daraufhin kurz und sagte wieder mit ruhiger Stimme: »Vielleicht magst du recht haben. Ich werde später mit ihr noch einmal sprechen. Sie ist einfach noch zu grün hinter den Ohren.«

Durch Worte und Geschichten können wir Menschen beeinflussen und auch Lügnern erlauben, sich selbst preiszugeben und ihre eigenen Lügen zu enttarnen. Worte können besänftigen und einem die Kontrolle über Situationen gewähren. Mit den Worten führen wir Menschen zur Wahrheit und selbstverständlich uns gleich mit. So wie die Geschäftsführerin die Wahrheit über ihr eigenes Verhalten erfuhr. Doch welche Worte sollen wir wählen?

Worte als Instrument

Wenn Sie Situationen kontrollieren und Lügner überführen wollen, müssen Sie sich manchmal einiger manipulativer und lenkender Mittel befähigen. Jedoch kann ich Ihnen keine magischen Worte zeigen, mit welchen Sie immer an das gewünschte Ziel gelangen. Dieser Hokuspokus ist nicht existent. Ich kann Ihnen jedoch einige Techniken zeigen, mit welchen Sie selbst starten können, um die richtigen Worte zu finden. Wir wollen im Folgenden einige dieser psychologischen Mittel genauer betrachten und sie uns aneignen.

Signifikanz

Wir Menschen lieben es, aufrichtiges Lob zu erhalten. Jeder von uns möchte wichtig sein und seinem Leben einen Sinn geben. Wenn Sie einen Menschen verdächtigen zu lügen, machen Sie ihm klar, ohne das Wort Lüge zu verwenden oder eine Schuldzuweisung von sich zu geben, dass Sie diesem Menschen vertrauen und es keinen Grund gibt, verschlossen zu wirken oder gar Informationen vorzuenthalten. Im Gegenteil! Verdeutlichen Sie demjenigen, dass Sie bereit sind, genauestens zuzuhören und dass Ihnen wichtig ist, was Ihr Gesprächspartner denkt und fühlt. Beim Enttarnen von Lügen und Täuschungen ergibt es dabei oft Sinn, dass Sie vorab an das gute Gewissen des Menschen appellieren, obwohl Sie wissen, dass Sie wahrscheinlich gerade belogen werden. Sie könnten sagen: »Weißt du, ich habe dir nie gesagt, dass ich dich sehr schätze. All die Zeit, in der wir uns kennen, warst du immer ehrlich zu mir, und ich schätze das sehr. Jeder weiß, dass du ein ehrlicher und durchweg aufrichtiger Mensch bist.« Sie geben Ihrem Gesprächspartner damit das Gefühl von Signifikanz und Status. Er sei kein unehrlicher Mensch, sondern aufrichtig und ehrlich. Jeder Mensch, der das nun von sich denkt, wird einen Teufel tun und Sie trotzdem belügen. Er würde ja genau das Gegenteil damit beweisen und sich selbst bestätigen, dass er unehrlich und unaufrichtig ist, und ergo seinen Status verlieren.

Vor einer Weile wurde ich zu einem Gespräch als Beobachter eingeladen, bei welchem der Abteilungsleiter eines großen internationalen Kurierexpressdienstleisters auf der Suche nach einer kleinen Gruppe von Mitarbeitern im Konzern war, welche Pakete von den Sortierbändern stahlen. Über die Überwachungsbänder und Vorabgespräche konnte eine kleine Zahl an Personen ausfindig gemacht werden. Gemeinsam mit dem Bundeskriminalamt kam es zum Gespräch mit einem der Männer aus der Gruppe, welche sich strategisch organisiert hatte. Leider lagen keine konkreten Beweise gegen die ganze Gruppe vor, da es nur Einzelaufnahmen von Personen gab, die Pakete während der Schicht von den Bändern nahmen und diese unterhalb der Bänder lagerten. Kamen andere Mitarbeiter dazu, wurden die Pakete wieder zurück auf die Bänder gelegt. Blieben die Kollegen aus, nahmen die Personen die Pakete mit. Wohin die Pakete verschwanden, war allerdings unklar. Es mussten also ein Geständnis und die Namen der ganzen Gruppe her. Die Behörde war leider bei anderen zuvor geführten Gesprächen erfolglos geblieben. Kurz vor dem weiteren Treffen, dem ich nun ebenfalls folgen durfte, beriet man sich und stellte eine Interviewstrategie fest. Der Abteilungsleiter erhielt ein Briefing und wurde vorab auf das Gespräch vorbereitet und gecoacht. Als das Interview begann, sagte der Abteilungsleiter: »Ich brauche Ihre Hilfe! Als Teamleiter in der Paketsortierung sind Sie ein wichtiger Mitarbeiter der Firma. Ich kann mir kaum vorstellen, dass ein so guter Mitarbeiter wie Sie diese Tat begangen haben könnte. Doch ich habe Beweise dafür, dass Sie es gewesen sein sollen. Die Kamera zeigt Sie deutlich auf dem Band. Gibt es noch mehr, was Sie mir sagen möchten? Erzählen Sie mir bitte, was geschehen ist.« Während eine Beschuldigung, wie man sie häufig im Spielfilm sieht, spektakulär gewesen wäre, brachte der Gesprächsführer hier dem Dieb Respekt und Signifikanz entgegen. Weder schrie noch beschuldigte er. Stattdessen lobte er die Position des Mitarbeiters und stellte heraus, was für ein wichtiger Mensch er sei. Kurz darauf gestand der Mitarbeiter seine Tat und verriet die Namen seiner Kollegen, die an den Aktionen beteiligt waren.

Der Verhörspezialist Chris Mackey verhörte in diversen Ländern, unter anderem in Afghanistan, für die Regierung Verbrecher und Terroristen.[18] Anstatt, wie wir es glauben würden, einen gefangenen, eingesperrten, gefolterten und angeketteten Menschen zu verhören, bestand Mackey darauf, die Fesseln des Verhörten entfernen zu lassen, ihm Wasser und eine Kleinigkeit zu essen bringen zu lassen und sich anstatt am Tisch gegenüber genau neben ihn zu setzen. Er begrüßte den Verhörten in seiner Muttersprache, bat um den Wechsel auf Englisch und begann sein Verhör. Er behandelte ein Monster, das viele Menschen getötet hatte, wie einen Menschen und brachte ihm Respekt entgegen, mit dem Ziel, dass der Terrorist ihm noch am selben Tag weitere Attentate, von denen er Kenntnis hatte, beichtete. Innerhalb einer Stunde hatte Mackey alle Informationen gesammelt, die vor ihm andere, die es mit einer harten Verhörmethoden versucht hatten, nicht entlocken konnten. Warum? Selbst Terroristen, Fanatiker und vermeintliche Irre sind Menschen. Ich möchte in diesem Kontext keine der Taten von religiös fanatischen Menschen gutheißen oder kleinreden. Jedoch ist es ratsam, einem Menschen immer Respekt entgegenzubringen. Es gibt demjenigen das Gefühl von Signifikanz. Diese Technik ist jedoch nicht nur bei einem Terroristen nützlich. Nein, die gleiche Technik können wir auch für unser privates oder berufliches Leben verwenden. Zeigen Sie Ihren Mitmenschen, dass sie wichtig sind, zeigen Sie ihnen Respekt und betonen Sie die Wichtigkeit ihrer Rolle. So können Sie die Lüge umgehen und an die Wahrheit gelangen.

Gemeinsamkeiten

Eine andere und sehr effiziente Technik half Mackey in den selbigen Verhören, die Gemeinsamkeiten der Gesprächspartner herauszuarbeiten und zu unterstreichen. Er begann Verhöre meist nicht mit der eigentlichen Thematik, sondern unterhielt sich zuerst über gemeinsame Interessen. Bei Terroristen unterhielt er sich oft über Geschichtliches und bog manchmal auch die Wahrnehmung geschichtlicher Fakten zugunsten der Interessen des Verhörten. So sprach Mackey oft über die glorreichen Siege von Saladin gegen die Christen und wie sie die Ungläubigen aus dem Heiligen Land jagten. Erst nach einiger Zeit wechselte er langsam das Thema. Der Rest war meist nicht mehr schwierig, da er zuvor eine Verbindung zu dem Menschen aufgebaut hatte.

Haben Sie schon einmal gehört, dass Gegensätze sich anziehen sollen? Doch das stimmt nicht. Zwar mag die Physik zeigen, dass plus und minus die effizientere Kombination ergibt, jedoch umgeben sich Menschen lieber mit jenen, die ihre Interessen und Ansichten teilen. Gehen Sie beispielsweise einmal auf einen Parteitag. Dort sitzen hunderte Menschen mit identischen oder nahezu identischen Ansichten und halten sich selbst Vorträge, warum die ganze Gruppe im Recht ist. Faszinierend! Gemeinsamkeiten in Gesprächen zu erarbeiten, gibt dem Gesprächspartner das Gefühl von Verbundenheit. Niemand lügt einen Menschen gerne an, dem er verbunden ist. Die Hemmschwelle, Freunde oder Familie anzulügen, ist immer noch ein wenig höher als die, unbekannte Menschen anzulügen, so scheint es mir. Bauen Sie Gemeinsamkeiten auf, und verweisen Sie auf diese. Dafür müssen Sie natürlich einige Hausaufgaben erledigen, bevor Sie in Kontakt mit neuen Gesprächspartnern kommen.

Ich kam eines Tages mit einem General des Heeres in ein Gespräch und erfuhr vorab, dass er privat Historiker und geschichtlich bewandert war. Wir redeten eine gute Stunde über diverse Schlachten, Abkommen und historische Belange, bevor wir zu dem Thema kamen, das ich eigentlich auf dem Herzen hatte. Ich hatte meine Hausaufgaben gemacht und auf unser historisches Interesse, unsere Gemeinsamkeit, verwiesen. Obwohl der Mann als verschlossen galt und selbst seine Einheit eher vor Gesprächen mit ihm flüchtete, öffnete er sich in unserem Gespräch und erzählte munter drauf los. Er sagte: »Junge, du kannst noch richtig viel von mir lernen.« Geben Sie den Menschen in diesen Momenten ruhig ein Gefühl von Status und Signifikanz, wenn es Ihnen dabei hilft, die Gemeinsamkeiten zu unterstreichen und hervorzuheben. Oft ist es dabei wichtig, ein bisschen zu schauspielern. Lassen Sie ruhig die Menschen denken, was diese denken sollen und auch müssen. Ihre Absichten bleiben weiterhin verborgen, während Sie dem Gesprächspartner unbewusst die Gesprächsrichtung vorgeben. Verschlossene Menschen öffnen sich, wenn sie sich respektiert, sicher und wohl fühlen. Bei Lügnern ist das nicht anders. Lügner, die meist Angst vor Strafen und Verhören empfinden, öffnen sich, wenn sie merken, dass man ihnen gar nichts Böses will. Das Gefühl von Sicherheit ist dabei ausschlaggebend. Sich sicher zu fühlen, gehört zu den Grundbedürfnissen des Menschen. Wenn Sie dieses erfüllen können, kriegen Sie alles, was Sie wollen. Hier einmal ein mögliches Beispiel, wie Sie es erleben könnten:

Sie vermuten, dass Ihr Kollege Ihr Mittagessen aus dem Kühlschrank im Büro genommen und verdrückt hat. Als Sie ihn darauf ansprechen, machen Sie keine Schuldzuweisung und sagen ihm nicht direkt ins Gesicht, dass er ein Dieb ist. Ihr Kollege würde sich sofort verschließen, sich nicht respektiert und wohl fühlen und im wahrsten Sinne des Wortes »zumachen«. Stattdessen sagen Sie: »Du Bernd, ich find mein Essen nicht mehr im Kühlschrank. Ich glaube, jemand hat es gegessen. Weißt du, wer es war, denn wenn es köstlich war, bringe ich beim nächsten Mal zwei Portionen für uns beide mit?« Raten Sie mal, was Bernd sagen wird? Bernd wird gestehen, dass er das Essen mit dem seinigen verwechselt habe und es schon zu spät war, als er die Gabel hineintauchte. Er wird gar nicht erst auf die Idee kommen, Sie anzulügen, obwohl man damit ja rechnen könnte. Die Gemeinsamkeit haben Sie auch in diesem Gespräch herausgearbeitet. Wo? An dem Punkt, als Sie angedeutet haben, Essen für Sie beide mitzubringen. Es gibt nun ein *wir* anstatt *Sie* und *er*. Und bekanntlich finden Menschen, die zusammen speisen, ja auch zu anderen Gemeinsamkeiten.

Ihre Aufgabe ist es, stets den Rahmen für die Wahrheit zu schaffen. Sie wissen vorab nicht, ob Ihr Gegenüber die Wahrheit sagt oder lügt. Woher auch! Sie schaffen stattdessen den Rahmen für Wahrheit, Respekt und Offenheit. Gut funktionierende Beziehungen beispielsweise zeigen ebenfalls diese Charakteristika. Glückliche Paare sprechen von dem *uns* oder dem *wir*, während Menschen in einer zerbrechenden Beziehung nur noch über *ich* und *er* oder *sie* sprechen. Gemeinsamkeiten formen Beziehungen und führen zur Wahrheit. Schaffen Sie ein solides Fundament, und der restliche Weg bis zur Wahrheit ist nicht mehr weit.

Dominanz und Ehre

Vor einigen Monaten bekam ich mit, dass bei einem großen Kunden im Lager mehrfach Pakete entwendet wurden, in welchen teure Mobiltelefone verschickt worden waren. Der Versender der Elektronik musste horrende Beträge an Schadensersatz bezahlen und wollte nun diese Verluste einstellen. Es stellte sich heraus, dass auch hier eine kleine Gruppe von Mitarbeitern tätig war, die sich selbst koordinierte, um Pakete zu öffnen, den Inhalt zu stehlen und daraufhin leer weiterzusenden. Auf eine Empfehlung hin versteckte der Verantwortliche, gemeinsam mit der Polizei, Kameras, um die Täter zu enttarnen. Schnell hatte man den Kopf der Bande auf der Kamera entdeckt. Was also nun tun? Wenn Sie der Hydra einen Kopf abschlagen, wachsen zwei nach, und die Bande bleibt bestehen. Stattdessen greifen Sie den König der Truppe an. Wenn der König fällt, liegt die ganze Gruppe schachmatt. Dieser König war ein 140 Kilo schwerer, muskelbepackter Hüne aus Marokko, der vor nichts und niemandem Angst hatte. Er hielt sich für den größten Löwen, und seine Brust schwoll dauerhaft auf das passende Level dazu an. Als er zum Gespräch mit der Polizei geladen wurde, saß er bereits einige Minuten auf dem Stuhl im Zimmer, bevor zwei Polizisten gemeinsam mit dem Abteilungsleiter den Raum betraten. Diese Vorgehensweise war bereits eine erste Machtdemonstration gegenüber dem Hünen. Die Tatsache, dass er warten musste und man ihn zappeln ließ, zeigte schon unbewusst, wer hier das Sagen hat. In Ihrem Privatleben können Sie es ähnlich machen, indem Sie bei Gesprächen, in welchen Sie das Gefühl haben, belogen zu werden, einfach schweigen, statt sofort Wiederworte zu geben. Das Schweigen wird für den Befragten unerträglich und gibt ihm genügend Chancen, um sich zu verzetteln. Manchmal ist Schweigen einfach Gold wert. Zurück aber zur Geschichte.

Als nach 30 Minuten die Polizeibeamten und der Abteilungsleiter den Raum betraten, stellten sich alle vor. Einer der Polizeibeamten zeigte mit dem Finger auf den Abteilungsleiter und stellte ihn als seinen Kollegen vor. Niemand sagte, dass er Polizist wäre, noch dass er das Verhör leiten würde. Dies entsprach ja nicht einmal der Wahrheit. Der Hüne ging einfach davon aus, und die Finte ging auf. Schon Ihre Kleidung kann Ihre Position und Ihre Macht demonstrieren. Während die Polizeibeamten in ihrer Uniform erschienen, trug der Abteilungsleiter einen gut sitzenden dunkelblauen Anzug. Maßgeschneiderte Anzüge oder ein gut sitzendes Kostüm zeigen Ihre Autorität gegenüber legerer gekleideten Menschen oder gar Arbeitern in Arbeitskleidung. Bevor in dieser Situation noch ein Wort gesagt wurde, war bereits klar, wer das Sagen in dem Raum hatte. Während die überschwänglich selbstsicheren und fast schon arroganten Menschen mit geschwollener Brust keine andere Autorität als ihre eigene akzeptieren, macht es wenig Sinn zu versuchen, sich selbst noch dominanter darzustellen, wenn nicht von Beginn an klar gemacht wird, wer die mächtigere Position im Gespräch einnimmt. Ein Kopf-an-Kopf-Rennen, welches zu nichts führen würde. Stattdessen nehmen Sie der Dominanz den Wind aus den Segeln und greifen die Person bei Ihrer Schwachstelle.

Auch der Hüne hatte eine Schwachstelle – seine Ehre. Das Gespräch begann damit, dass die Beweise gegen ihn offengelegt wurden, indem ein voller Aktenordner, auf den der Name des Mitarbeiters geklebt war, auf den Tisch geknallt und damit angedeutet wurde, dass die Wahrheit herausgekommen sei. Tatsächlich war es irgendein Ordner aus der Personalabteilung, und das Namensschild wurde zwei Minuten vorher auf den Ordner geklebt. Zuvor hatte ich einige Fragen vorbereitet, die nun vom Abteilungsleiter ins Gefecht geführt wurden. Man fragte den Angeklagten: »Schämen Sie sich nicht dafür, was Sie getan haben? Was würde Ihr Vater sagen, wenn er das hier sehen würde?« Das Verhör dauerte 15 Minuten, und als der Mann das Zimmer verließ, zitterten seine Beine, und die Tränen liefen seine Wangen hinunter. Er hatte ein umfassendes Geständnis hingelegt und am selben Tag noch seinen Job verloren.

Natürlich erleben Sie in Ihrem Geschäftsleben keine Verhöre oder Interviews dieser Art. Ich hoffe dies zumindest. Dennoch können Sie die gleiche Technik sehr wohl auch in Ihrem Privatleben oder im Geschäft nutzen. Wenn Sie die Ehre oder Dominanz eines Menschen für Ihre Zwecke verwenden, um an die Wahrheit zu gelangen, bietet es sich an, die Kultur der Person, welche Sie befragen, mit einzubeziehen. Ich weise darauf hin, dass ich in diesem Kontext keine fremdenfeindlichen Aussagen treffen möchte und es mir fern liegt, andere Kulturen zu deklassieren. Doch um an die Wahrheit zu gelangen, müssen Sie Tatsachen aufgreifen und nicht von einer heilen und schönen Welt träumen. In vielen Kulturen ist die Ehre ein wichtiger Bestandteil des Lebens. Bei Angehörigen von Kulturen, in welchen die Ehre der Familie und vor allem des Mannes ein wesentlicher Bestandteil der Gemeinschaft ist, ergibt sich immer die Chance, diese vermeintliche Stärke gegen den Gesprächspartner zu richten und seine Ehre gegen ihn zu verwenden. Mit Worten wie »Du bist doch sonst ein ehrenwerter Mann…« oder »Schämst du dich nicht? Dein Vater hat dich doch zu einem ehrenwerten Mann erzogen. Soll ich daran jetzt zweifeln?« locken Sie den Gesprächspartner aus der Reserve. Sie zweifeln zwar die Ehre der Person an, geben aber gleichzeitig auch an, dass dieser Mensch sehr wohl einmal Ehre besaß oder immer noch besitzen mag. Sie geben dem Gesprächspartner also die Möglichkeit, sein Gesicht nicht zu verlieren, und falls er seine Ehre durch die Lüge verlor, sie wiederherzustellen. Geben Sie dem Menschen immer die Chance, sein Gesicht zu wahren. Denn dies wiederum zeugt von Respekt. Nutzen Sie den Tatbestand der Kultur, zeigen Sie dabei aber jeder Kultur den nötigen Respekt. Auch in anderen Kulturen, in denen die Ehre keine ganz so große Rolle spielt, gibt es Mittel, welche Sie gegen einen Menschen verwenden können, um an die Wahrheit zu gelangen. Grundsätzlich gilt dies für absolut jede Kultur. Arbeiten Sie dafür in einem Gespräch die empfundenen Stärken Ihres Gesprächspartners heraus und drehen Sie diese dann um, und lassen Sie ihn spüren, dass es eigentlich Schwächen sind. Eine Stärke oder eine Schwäche wird erst dann zu einer, wenn wir diese als solche wahrnehmen. Alternativ können Sie die kulturelle Stärke des Gesprächspartners auch soweit aufbauschen, dass dieser sich in Sicherheit wägt und somit leichter Fehler begeht.

Verständnis

Wenn Sie Verständnis zeigen für die Situation, in der sich der Lügner befindet, und für den Grund, der ihn zu Lug und Betrug verleitet hat, werden Sie demjenigen in dem meisten Fällen ein vollumfassendes Geständnis entlocken können. Dies gilt sowohl für den privaten als auch den beruflichen Bereich.

Als ein Schmuckdieb befragt wurde, warum er eine Kette gestohlen hatte, mauerte er und begann damit, absonderliche Geschichten zu präsentieren. Der Vernehmer rückte seinen Stuhl zu ihm, setzte sich und befragte den Täter nach seiner Familie. Er wollte wissen, ob der Mann Kinder hatte, und falls ja, wie alt diese waren. Außerdem fragte er danach, ob der Dieb eine Frau oder einen Mann habe und wo er seine bessere Hälfte kennengelernt hatte und ob sie verheiratet waren. Da erzählte der junge Schmuckliebhaber dem Vernehmer, dass er tatsächlich verheiratet war, aber noch keine Kinder habe. Er wolle allerdings einmal Vater werden, doch zurzeit sei das einfach nicht drin. Schließlich würden Kinder ja auch einen Haufen Geld kosten. In jenem Moment zeigte der Vernehmer dem Mann Verständnis mit den Worten: »Sie haben die Kette entwendet, damit Sie Ihrer Frau etwas schenken können, nicht wahr? Haben Sie zu Hause Druck, weil Sie nicht genug Geld nach Hause bringen?« Der Verhörte entspannte sich, und seine ganze Körpersprache fiel in sich zusammen, als ob ihm ein Stein vom Herzen gefallen wäre. »Waren Sie bei mir zu Hause und haben alles mitgehört?«, fragte er. Tatsächlich hatte der Vernehmer ins Schwarze getroffen. Die Ehefrau des Diebes hatte ihrem Mann über Monate hinweg Druck gemacht, dass er nicht genug verdiene und ihn beschimpft, was er für ein Verlierer sei. Er wollte ihr durch den Betrug etwas bieten und hatte Angst davor, sie zu verlieren. Auch in diesem Beispiel versucht der Täter seiner Ehre als Mann, seiner Männlichkeit und seiner Rolle als *der Mann im Haus* gerecht zu werden. Dadurch, dass der Vernehmer ihm Respekt und das nötige Verständnis zeigte, konnte der Dieb ein Geständnis ablegen. Indem Sie Verständnis zeigen, verhelfen Sie den Menschen zu der Möglichkeit, ein Bekenntnis zu machen, anstatt, wie es oft in Filmen propagiert wird, ein Geständnis zu erzwingen oder aus dem Menschen herauszupressen. Selbst der schlimmste Mord, ein Ehebruch oder auch Diebstahl wurden immer von Menschen begangen. Wenn Sie an die Wahrheit gelangen wollen, dürfen Sie niemals vergessen, dass es trotzdem nur Menschen sind, mit denen Sie umgehen, und keine außerirdischen Monster. Schlechte Vernehmer, auch im privaten Umfeld, wollen Macht über Menschen zeigen und beweisen, welch mächtige und einflussreiche Person sie sind. Anstatt sich auf den Gesprächspartner zu konzentrieren, richtet sich ihr Fokus nur auf sich selbst. Meist kommt es dann vor, dass sie sich in sich selbst verlieren und ihr Verhalten nicht mehr kontrollieren, herumbrüllen und den Gesprächspartner anschreien. Wir kennen das aus Filmen. Im Krimi sieht man immer wieder, dass der Verhörte zuerst den starken Macho präsentiert. Dann brüllt der Vernehmer ein wenig herum, der Macho brüllt zurück, und schon kommt die Wahrheit ans Licht. Dieser Unfug funktioniert allerdings nur im Film. Verständnis erfordert Kontrolle und manchmal auch, einen kühlen Kopf zu bewahren. In der Realität ist es der barmherzige, ruhige und vor allem kontrollierte Vernehmer, der an die Wahrheit gelangt. Die Kontrolle über sich selbst ist absolut entscheidend. Wie wollen Sie jemand anderen kontrollieren, wenn Sie nicht einmal ihre eigenen Emotionen kontrollieren können?

Wie Emotionen die Menschen beeinflussen können, möchte ich Ihnen am folgenden Beispiel zeigen: Das Management Board eines mittelständischen Betriebes fürchtete, dass der Betrieb Opfer von Industriespionage geworden war. Mehrfach wurden vertrauliche Daten vom Firmenserver heruntergeladen und auf einem USB-Stick gespeichert. Die IT-Abteilung konnte die Datenbewegung bis zu einem für fünf Mitarbeiter zugänglichen Arbeitsplatz zurückverfolgen. Es folgten daraufhin Befragungen dieser fünf Mitarbeiter. Einer von ihnen beschuldigte während des Interviews seine Vorgesetzte, heimlich die Daten heruntergeladen zu haben und dass diese ihm nun die Schuld in die Schuhe schieben wolle. Das Gespräch mit der Dame verlief nicht anders. Sie forderte die sofortige Freistellung des Mitarbeiters und regte sich über seine vermeintliche Dreistigkeit auf. Doch wer war nun der Täuschende? Wer hatte die Daten entwendet und warum? Während beide sich in getrennten Gesprächen empört gaben, bekamen sie unabhängig voneinander die gleiche Frage gestellt: »Hatten Sie ein Verhältnis miteinander?« Der Zorn beider Personen war echt und nicht gegen den Missbrauch der Daten gerichtet, sondern tatsächlich gegeneinander. Im Interview zeigte der beschuldigte Mitarbeiter starke Gefühle von Trauer statt reinen Ärger. Das Management sah Beziehungen unter Mitarbeitern nur sehr ungern, doch tatsächlich hatten der Mitarbeiter und seine Vorgesetzte über Monate eine intime Affäre, die letztendlich von ihr beendet wurde. In seinem Stolz gekränkt suchte der Mitarbeiter nun einen Weg, um ihr das Leben zur Hölle zu machen und um sie nie wiedersehen zu müssen. Nachdem die Vorgesetze die Affäre gestanden hatte, bat der Interviewführer sie, den Beschuldigten im Meetingraum aufzusuchen und ihm Folgendes mitzuteilen: »Hör mal, was auch immer hier passiert ist, ich möchte, dass du weißt, dass mir das mit dir wichtig war und unabhängig davon, warum es vorbei ist, ich deine Enttäuschung verstehen kann. Es tut mir leid.« Sie ging also in den Meetingraum und sagte zu ihrem ehemaligen Liebhaber genau das, noch bevor er die Chance hatte, sie anzufahren. Der Mitarbeiter gestand noch am selben Mittag die Beziehung und erklärte ausführlich, wie es zu allem gekommen war. Die vermeintliche Betriebsspionage entwickelte sich zu einem Soap-Opera-artigen Drama. Der geständige Mitarbeiter verlor seinen Job, während die Managerin freiwillig ihren Posten räumte. Dieses Beispiel zeigt, dass Sie als Interviewer manchmal nicht weiterkommen. In diesen Fällen können Sie gerne beide Seiten miteinander konfrontieren. Oft führt dies zum Punkt, an dem eine der Seiten einbricht.

Verständnis zu zeigen, ist nicht immer einfach. Schon gar nicht, wenn wir wissen, dass es um eine Tat geht, die wir absolut nicht nachempfinden können. Wie soll man auch Verständnis zeigen für jemanden, der uns belügt oder gar hintergeht? Stellen Sie sich eine abscheuliche Tat vor. »Wie will man dafür Verständnis zeigen?«, mögen Sie denken. Der Trick ist, dass Sie kein Verständnis für die Tat selbst zeigen müssen, sondern für die Gefühle des Menschen, die ihn zu dieser Tat trieben. Auf diesem Wege gelangen Sie dann an die Wahrheit. Die

Kontrolle über Ihre eigenen Gefühle ermöglicht es Ihnen, verständnisvoll zu sein – auch in schwierigen Situationen. Als Mahatma Gandhi am 30. Januar 1948 erschossen wurde, sollen seine letzten Worte zu seinem Mörder jene gewesen sein: »Ich vergebe dir.« Daraufhin starb Gandhi. Vergebung oder Verständnis zu zeigen, ist harte Arbeit, aber vor allem Verständnis ist etwas, was wir schenken können, um in Gesprächen an die Wahrheit zu gelangen. Sie mögen bisher vielleicht denken, dass ich das etwas überdehne und Verständnis doch nur wenig mit Wahrheitsfindung zu tun hat. Doch tatsächlich bildet Verständnis die Grundlage zum Enttarnen von Lügen. Wahrheit erfordert Kontrolle und Verständnis. Wenn Sie die Kontrolle über das Gespräch verlieren, wird es schwer für Sie, die Wahrheit zu lüften. Je mehr Verständnis Sie zeigen, desto mehr Respekt erhalten Sie von Ihrem Gesprächspartner, der sich Ihnen daraufhin weiter öffnet. Ihre eigene emotionale Kontrolle ist dabei absolut ausschlaggebend.

Komplexere Gefühle verstehen

Grundsätzlich kann man zusammenfassen, dass das Vermitteln von Signifikanz, das Herausarbeiten der Gemeinsamkeiten von Gesprächspartnern und das Zeigen von Dominanz sowie der Appell an die Ehre des Gegenübers, Ihnen die Möglichkeit gibt, in Gesprächen die richtigen Worte zu finden, um Lügnern oder Betrügern das Gefühl zu geben, dass man ehrlich zu Ihnen sein sollte. Bisher, so hoffe ich, werden Sie erkannt haben, dass es viel mehr um Wahrheitsfindung in diesem Buch geht, als um das Entlarven von Lügen. Es geht mehr um den Menschen als um die Tat selbst und mehr um die Praxis als die Theorie. Lügner zu entlarven, ist eine Herausforderung, die Sie durch die in diesem Buch beschriebenen Techniken meistern können. Der Trick aber ist es, den Mitmenschen die Gelegenheit zur Wahrheit zu bieten, wenn wir erkannt haben, dass diese lügen. Dafür ist es aber nötig, zu lernen auch komplexere Gefühle zu verstehen, da sie es sind, die uns Menschen unbewusst lenken.

Grundsätzlich gilt, dass der Körper sich immer gegen eine Lüge oder Täuschung wehrt, da sie nicht auf einer harmonischen Frequenz schwingt. Der Körper erhebt sich gegen die Lüge und lässt den Lügner Stress oder Angst empfinden. Wir wehren uns ganz unbewusst gegen die Lüge, da wir entweder die Realität durch sie frei erfinden oder wir sogar kulturell oder moralisch gelernt haben, dass eine Lüge verwerflich ist. Je öfter jemand bewusst lügt, desto mehr kann diese Hemmschwelle zur Lüge sinken. Dennoch bleibt, unabhängig von der Ausprägung der eigenen Moral, der Körper immer in Harmonie mit sich selbst. Die Lüge unterbricht diese Harmonie und zeigt die, wie wir sie nennen, Disharmonie durch die verräterischen Zeichen in der Sprache, der Psychologie und auch der Physiologie.

Gefühle zu erkennen ist, wie wir bereits gelernt haben, Ihrer Empathie geschuldet. Wir können Traurigkeit oder Freude leicht in den Gesichtern der Menschen erkennen oder sie aus den Worten unserer Gesprächspartner lesen. Doch wie steht es mit komplexeren Emotionen? Die Psychologen Bella DePaulo und Roger Pfeifer konnten durch ihre Studien beweisen, dass wir nicht nur miserabel im Erkennen von Lügen sind, sondern auch, dass dies unserer schlechten Fähigkeit, komplexere Gefühle zu verstehen, geschuldet ist.[19] Schon Darwin ging davon aus, dass man Gefühle ohne Weiteres im Gesicht des Menschen erkennen und lesen kann. Es stellte sich jedoch heraus, dass Darwins Theorie falsch war und dass die Körpersprache immer im Kontext mit der aktuellen Situation gesehen werden muss. Weitere Forschungen durch Prof. Dr. Paul Ekman präzisierten diese Annahme in den 1960ern.[20] Er kam zu der Erkenntnis, dass es wohl doch einige Gefühle gibt, die bei allen Menschen gleich beziehungsweise sehr ähnlich ausgedrückt werden. Paul Ekman und sein Team identifizierten sieben Gefühle, bei denen eine kulturübergreifende, statistische Korrelation aufgetreten war. Sie fanden heraus, dass jeder Mensch die gleichen Anzeichen für die Gefühle von Angst, Wut oder Zorn, Ekel, Freude, Trauer, Verachtung und Überraschung zeigt. Zu Beginn waren es sechs Grundemotionen in den Forschungen Ekmans. Später wurden Verachtung und Ekel genauer präzisiert und voneinander als Grundemotion getrennt. Spannend ist dabei, dass diese sechs Emotionen wirklich überall auf unserer schönen Welt gleich sind. Ob Japaner, Ägypter, Isländer oder Brasilianer – trotz der vielen verschiedenen Kulturen sind die Ausdrücke der Gesichter für diese Grundemotionen absolut stimmig und synchron. Wir wissen daher, dass durch die Fähigkeit, komplexere Gefühle zu verstehen und zu analysieren, sich wirklich niemand vor unserem alles verstehenden Blick davonstehlen kann. Jeder Mensch lügt, und jeden von ihnen können wir lesen.

Prof. Dr. Paul Ekman führte Tests bei Stämmen von Eingeborenen in Neuguinea durch und zeigte ihnen Fotos von Gesichtern amerikanischer Staatsbürger, die sie zuvor nie gesehen hatten. Die Stammesbewohner sollten den Fotos verschiedene Gefühle zuordnen und kamen schnell zu einem erstaunlichen Ergebnis. Interessant bei den Grundemotionen ist, dass sie zwar instinktiv in allen Menschen vorhanden sind, ihre Wiedererkennung dennoch erst erlernt werden muss. Ekman fand heraus, dass Kinder in den ersten zwei bis drei Jahren ihres Lebens nur das Gefühl von Freude richtig identifizieren können. Anschließend lernen sie ungefähr alle zwei Jahre jeweils eines der anderen Gefühle zu deuten, bis sie mit ca. 14 Jahren alle sechs Grundemotionen kennen.[21] Die individuellen Stärken von Menschen, die dazu führen, Gefühle besser oder schlechter lesen zu können, wurden in diesem Versuch jedoch nicht berücksichtigt.

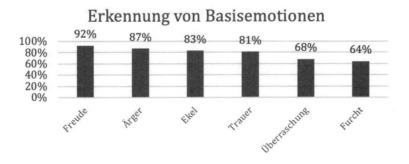

Durch die Studien Ekmans wissen wir also, dass wir eine feste Leitlinie vorfinden, nach der wir uns richten können, um bestimmte Gefühle zu verstehen. Bei der Analyse der Emotionen richten wir uns daher nach diesen sieben Grundemotionen Ekmans.

Andere weitaus komplexere Emotionen sind ebenfalls auf diese sieben Grundemotionen zurückzuführen. Wir könnten auch sagen, dass es eine Art *Unteremotion* für die jeweilige *Hauptemotion* gibt. Beim Erkennen von Lügen und dem Durchschauen von Menschen ist es äußerst wichtig, Gefühle aufzuspalten und genau zu definieren. Sprechen Sie nicht von reiner Freude, wenn es sich um Zufriedenheit handelt. Sprechen Sie nicht von Trauer, wenn es um Enttäuschung geht. Gefühle genau zu lesen und zu identifizieren, ermöglicht Ihnen, Ihre Empathie zu stärken und somit die Sprache des Menschen, mit dem Sie kommunizieren, besser zu verstehen. Die Auswahl der Adjektive, Verben und Substantive, welche die Gefühle des Menschen genau beschreiben, sollte daher immer wahrgenommen werden. Achten Sie darauf, warum und wann ein Mensch welche Emotionen durch Worte ausdrückt. Lügen zu durchschauen und Menschen zu lesen ist Präzisionsarbeit, und wer dies nicht sorgfältig beachtet, wird schnell baden gehen.

Somit ist das Lesen der Gefühle zwar die eine Sache, aber sie zu verstehen doch die andere. Ich habe daher bewusst erst über die Psychologie des Menschen gesprochen, bevor wir uns der Physiologie zuwenden. Was bringen uns Zeichen und Muster, wenn wir diese zwar erkennen, aber nicht entsprechend darauf reagieren können? Ähnlich sah es auch Ekman in seinen Studien, der davon überzeugt war, dass das Erkennen von Mikroexpressionen (Gesichtsausdrücke, welche nur für einen Bruchteil einer Sekunde auf dem Gesicht des Menschen sichtbar sind) nur die Hälfte der Gleichung ist. Ohne die passende Reaktion auf das entsprechende Gefühl können weitere Techniken nur wenig hilfreich sein. Wie also sollen wir auf diese ganzen Gefühle reagieren? Eine Möglichkeit ist das Verwenden der vier Techniken, die wir gerade gelernt haben. Sie können Ärger mit Respekt begegnen oder Trauer und Angst mit Verständnis und Empathie. Doch es gibt noch viele weitere Wege, wie man auf die Gefühle anderer reagieren kann. Wir haben in diesem Kontext lediglich die Grundsätze für das Entlarven von Lügen erarbeitet. Die Aufgabe ist es, eine Verbindung zum Gesprächspartner aufzubauen. Das genaue Ziel habe ich Ihnen jedoch bisher vorenthalten und möchte dieses nun lüften.

Der Weg zur Wahrheit

Wie vorangegangen schon erwähnt, erhalten Sie die Wahrheit oder das Geständnis eines Menschen erst dann, wenn dieser sich Ihnen öffnet und Sie ihm die Möglichkeit geben, ein Geständnis oder die Wahrheit offenzulegen. Sie pressen kein Geständnis aus jemandem gegen dessen Willen heraus. Denn was der Mensch nicht will, das wird er auch nur widerwillig oder gar nicht tun. Sie müssen den Menschen denken lassen, dass es seine Idee war, Ihnen die Geschichte oder Wahrheit zu erzählen. Sie entlarven somit keine Lüge, auch wenn dies für das Marketing gut klingen mag, sondern pflanzen eigentlich Ihrem Gesprächspartner ein Gefühl ein, welches die Wahrheit offenlegen kann. Dieses Gefühl ist eines der elementarsten Gefühle und tatsächlich durch keinen genauen Gesichtsausdruck oder Ähnliches zu erkennen. Was Sie in jedem guten Gespräch oder auch Verhör vermitteln müssen, ist *Vertrauen*. Sie müssen Vertrauen schenken, um Vertrauen zu erhalten – so wie Sie respektvoll sein müssen, um Respekt zu erhalten.

Jemand, der Ihnen nicht vertraut, wird Ihnen niemals die Wahrheit beichten. Man kann Vertrauenswürdigkeit jedoch auch nicht sehen. Die Anzeichen, welche begründen, warum man jemandem vertrauen kann, sind in der Regel nicht direkt sichtbar. Man muss darauf setzen, dass ein Vertrauensfaktor gegeben ist, und das wiederum ist nicht besser, als mit einer Pusteblume zu spielen. Er vertraut mir – er vertraut mir nicht – er vertraut mir – er vertraut mir nicht. Woran erkennen wir aber, dass uns jemand vertraut, und welche Techniken können wir verwenden um Vertrauen zu schaffen?

Respekt

Der respektvolle Umgang mit einem Menschen ist die Grundlage für jedes Vertrauen. Wir schätzen Menschen, die uns Vertrauen schenken, uns zuhören und unsere Aussagen für wahr und wichtig erachten. Selbstverständlich spielt das Thema Respekt eine große Rolle, wenn es um Vertrauen geht. Um Vertrauen zu schaffen, können wir uns einer Technik bedienen, die sich das Spiegeln nennt. Der Psychologe Carl Rogers erkannte, dass Menschen sich in vielen Belangen spiegeln und ihre Mimik und Gestik, ja sogar selbst ihre Taten nachahmen und ein Abbild eines anderen Menschen werden, wenn sie diesem vertrauen. Andere Psychologen nutzten diese Erkenntnis in anderen Bereichen der Lehre, um verhaltenspsychologische Aspekte beim Lernen zu erklären.[22] Einfach gesagt, wir kopieren das Verhalten anderer Menschen und lernen vom Nachmachen. Das mag für Sie vielleicht nichts Neues sein. Beim Spiegeln bedienen wir uns dieses Konzepts. Bei der Technik Pacing & Leading aus dem neurolinguistischen Programm, kurz NLP, ist das Spiegeln ebenfalls ein Hauptbestandteil, um Vertrauen zu erlangen. Wie geht dieses Spiegeln also?

Haben Sie schon einmal beobachtet, dass Menschen sich gegenübersitzen können und die absolut exakte Körperhaltung eingenommen haben? Beide haben das eine Bein über das andere Bein geschlagen, beide haben ihren Kopf leicht geneigt und beide greifen fast simultan zum Glas, um zu trinken. Wenn dies geschieht, sprechen wir vom *Spiegeln* oder auch bekannt als der *Gauche-Effekt*.[23] Die ganze Körpersprache des Menschen öffnet sich. Der Mensch drückt das Gefühl von Offenheit aus, bevor er Vertrauen signalisiert. Der Mensch wird empfänglicher für neue Ideen, Meinungen und Menschen. Einer der beiden reflektiert nun unbewusst den anderen. Sie schaffen durch das Spiegeln intuitiv das Gefühl von Vertrauen. Erinnern Sie sich? Gleich und Gleich gesellt sich gern. Die Gemeinsamkeiten sind äußerlich erkennbar, und der Körper nimmt diese unbewusst wahr. Durch das Konzept Pacing & Leading ist uns bekannt, dass dies nicht einfach aus einer Manie heraus geschieht, sondern es immer eine führende Person und eine folgende Person beim Spiegeln gibt. Wenn wir also bewusst in diesen Kreislauf eingreifen und die führende Rolle übernehmen und den Gesprächspartner spiegeln, können wir das Gefühl von Vertrauen schaffen. Warum sollte der Gespiegelte einem auch nicht den gebührenden Respekt entgegenbringen, wenn er doch genauso ist wie man selbst? Sie verleiten den Menschen dazu, zu denken, dass er nun jemanden gefunden hat, der ihm ähnelt. Jeder Mensch wünscht sich still und heimlich jemanden, mit dem er seine Ideen und Meinungen tauschen kann und dabei auch noch auf Zustimmung stößt.

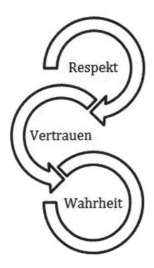

Sie können natürlich nicht nur durch das Spiegeln der Körpersprache Vertrauen schaffen, sondern auch durch das Spiegeln anderer Äußerlichkeiten, wie der Kleidung oder der Frisur. Wenn Sie damit beginnen wollen zu spiegeln, können Sie ja nicht einfach darauf hinweisen, dass Sie jetzt spiegeln wollen und Ihr Gesprächspartner nun gefälligst das Gleiche tun soll wie Sie. Im Gegenteil! Sie übernehmen erst bewusst die Körpersprache, die Mimik und Gestik, dann den Tonfall, die Sprache und Worte des Gegenübers. Dann drehen Sie den Spieß um, brechen aus dem Spiegel aus und schauen, ob Ihr Gesprächspartner folgt.

Tut er es, sind Sie nun der Führer im Konzept des Spiegelns. Folgt Ihr Gesprächspartner Ihnen nicht, übernehmen Sie wieder die Zeichen des Gesprächspartners und versuchen Sie es zu einem späteren Zeitpunkt des Gespräches erneut. Sie können sogar Vertrauen aufbauen, ohne jemals ein Wort miteinander gewechselt zu haben.

Vor einem kürzlich geführten Kundengespräch wurde ich vor dem Direktor der Firma gewarnt. Er sei niemand, der sich an eine Business-Etikette halten würde. Man würde ihn schon von Weitem an der Jeans und dem *Metallica*-Shirt erkennen. Einen Anzug besitze er gar nicht, hieß es. Bei den kommenden Gesprächen ließ ich daher meinen Anzug daheim, zog meine Jeans und ein Shirt der Band *Queen* an. Das Gespräch verlief wie eine Unterhaltung unter Kumpels. Zum Ende hin sagte der Manager: »Ich habe da ein gutes Gefühl. Das wird zwischen uns laufen. Wir haben die gleichen Vorstellungen.« Der Gauche-Effekt wurde in diesem Fall durch die Kleidung eingesetzt. Durch das Spiegeln der Interessen für Rockmusik konnte eine Verbindung aufgebaut werden, welche die Geschäftsbeziehung stärkte. Verbindungen entstehen nur, wenn Vertrauen vorherrscht und man sich gegenseitigen Respekt zukommen lässt. Obwohl das Spiegeln zum Aufbau von Vertrauen genutzt werden kann, so ist es auch eine Technik, welche für manipulativere und beeinflussende Aspekte genutzt werden kann.

Offenheit und Aufrichtigkeit

Lügen und Unehrlichkeiten beginnen oft mit dem Verschweigen von Tatsachen. Viele Menschen reden sich um Kopf und Kragen, und eine Lüge nach der anderen stolpert über ihre Lippen. Gewieftere Menschen versuchen nicht lügen zu müssen und lassen bewusst bestimmte Informationen aus, damit sie nicht in Versuchung kommen, eine Lüge erzählen zu müssen. So erklärt die Freundin dem Freund, dass sie bei einer Freundin war, um den Zweifel zu zerstreuen, dass sie doch bei einer Affäre hätte sein können. Tatsächlich war sie bei ihrer Freundin, nur diese hatte ihre Wohnung ihr und ihrer Affäre für den Nachmittag überlassen. Keine Lüge, aber auch nicht die Wahrheit.

Um Vertrauen zu schaffen, ist das Erbringen von Aufrichtigkeit und Offenheit ein wesentlicher Bestandteil. Jede gute Beziehung, egal welcher Art, kann die eine oder andere Lüge verkraften. Selbst gute Ehen tun das. Doch, wenn in menschlichen Beziehungen, sei es privat oder beruflich, ein Mensch damit beginnt, Informationen für sich zu behalten und sich zu verschließen, um die Offenheit und Aufrichtigkeit über den Jordan zu jagen, ist das Vertrauen schon bald darauf verloren. Selbst Menschen, die voneinander enttäuscht und verletzt wurden, finden Wege, sich wieder zu vertrauen, wenn sie Offenheit und Aufrichtigkeit erfahren.

Der Verhörspezialist Mackey nutzte in seinen Verhören immer die Möglichkeit, Vertrauen durch Offenheit und Aufrichtigkeit zu gewinnen. Er tat dies sogar bei Menschen, denen von Geburt an indoktriniert wurde, dass der westliche Mensch der Feind sei. Dies tat er, indem er Geschichten erzählte, die ihm selbst widerfahren waren. Er schmückte die Geschichten mit Farben und Emotionen aus, damit der Verhörte sich ein plastisches Bild von jener Geschichte machen konnte. Der Zweck der Geschichten war es, eine Verbindung zu dem Verhörten zu schaffen und in ihm eigene Erfahrungen zu entlarven. Reagierte der Verhörte mit Trauer oder Freude auf die Geschichte und griff auf eine eigene Erfahrung zurück, konnte Mackey dies sehen und baute somit eine Verbindung zwischen dem Verhörten und ihm auf. Manchmal erfand Mackey eine Geschichte und schmückte diese mit Bruchstücken anderer vorbereiteter Geschichten aus, um Gemeinsamkeiten zu schaffen.[24] Manchmal heiligen die Mittel den Zweck, und das Verwenden kleiner Flunkereien wird zum Mittel, den Lügner mit den eigenen Waffen zu schlagen. Ähnliche Techniken, die hierzu Bezug nehmen, werden Sie ebenfalls im weiteren Verlauf noch erlernen.

Wenn Sie einem Menschen Offenheit und Aufrichtigkeit entgegenbringen, wird dieser sich umso schwerer damit tun, Sie zu belügen. Doch Vorsicht! Dies kann nicht als Daumenregel verwendet werden, da es Menschen gibt, die keine Scham oder Angst verspüren, wenn sie lügen. Psychopathen oder Soziopathen kennen kein Gefühl von Schuld. Auch Narzissten ist das Gefühl von Schuld durch eine Lüge meist fremd. Wenn Sie es mit solch einem Menschen zu tun haben, gibt es nur noch einen Weg – die Flucht aus dem Gespräch.

Auf der anderen Seite können wir erkennen, wenn uns jemand vertraut. Durch die Offenheit einer anderen Person zeigt sie Ihnen Vertrauen. Erzählt Ihnen beispielsweise ein Mensch von einem Geheimnis, betont aber, dass ihm wichtig ist, dass dieses bei Ihnen bleibt, zeigt er klares Vertrauen Ihnen gegenüber. Seien Sie jedoch dennoch vorsichtig! Tatsächlich kann Vertrauen auch geheuchelt werden und die Offenheit einer Person nur gespielt sein. Dann ist die Lüge wiederum das geheuchelte Vertrauen. Diese Taktik kennen Sie beispielsweise durch das Streuen von Fehlinformationen. Die Person erklärt sich selbst für redlich und ehrlich und beginnt damit offen zu wirken und Informationen preiszugeben. Stattdessen ist dies nur ein Theaterspiel, und die ganze Farce ist nichts weiter als eine Lüge.

In diversen Talkshows konnte ich dies schon beobachten, wenn ein neues Sternchen am Medienhimmel erschien, um sich mit gewieften medialen Strategien ins rechte Licht zu rücken. So kam es beispielsweise, dass zwei Menschen mit großem Altersunterschied im Fernsehen ihre Liebe zueinander bekundeten und daraus eine große Story machten. Die Medien machten sich über das gefundene Fressen her und berichteten ausführlich über die Beziehung dieser beiden Menschen. Tatsächlich aber war alles nur ein Fake, und weniger als ein Jahr später hatte sich das vermeintliche Paar wieder getrennt, als die Medien kein Interesse mehr für ihre Story hatten. So wirkte das Paar in den Talkshows zwar offenherzig und gab munter scheinbar pikante Details preis, doch die fehlende Emotion zu den erzählten Informationen und Geschichten ließen Kenner darauf schließen, dass die ganze Geschichte eine große Lüge war. Nach einer Weile hatten dann auch die Medien die Nase voll und berichteten nicht mehr über die beiden Turteltauben.

Die Basislinie

Wenn Gefühle zu Geschichten fehlen, wenn keine Erinnerungen abgerufen werden beim Erzählen von Ereignissen oder wenn allgemein einfach nur gelogen wird, kann man dies anhand der Basislinie erkennen. Genauer gesagt, können wir es daran erkennen, dass sich der Mensch von seiner Basislinie entfernt. Was bedeutet das?

Wussten Sie, dass menschliche Gedanken und Gefühle eine Frequenz haben? Etwa so wie eine Radiofrequenz schwingen unsere Gedanken und Gefühle messbar auf einer Frequenz, die wir sehen können, wenn wir uns dafür an die passenden technischen Mittel anschließen. Das gleiche Prinzip steckt hinter dem Lügendetektor. Wenn die Frequenz von der Basislinie, oder auch Nulllinie genannt, abweicht, geht man davon aus, dass die Person lügt. Dabei ist der Test wenig hilfreich, wenn man bedenkt, dass die Frequenz nur die Veränderung des körperlichen Befindens anzeigt. Empfindet der Körper Stress, Angst oder auch Freude, sind diese Gefühle meist Anzeichen für eine Lüge.

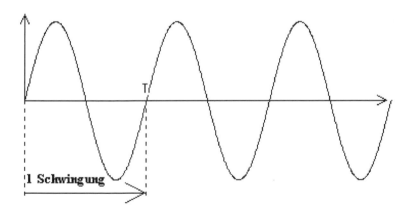

Ein Lügner empfindet Angst vor der Enttarnung, doch auch ehrliche Menschen können Angst empfinden, wenn sie glauben, dass sie zu Unrecht beschuldigt oder bestraft werden könnten. So misst der Lügendetektor zwar die Schwingung, kann Ihnen aber keine genauen Informationen darüber geben, warum der Detektor ausschlägt, warum er es nicht tut oder ob der Mensch lügt oder die Wahrheit spricht. Während der Lügendetektor die Basislinie nur durch den Herzschlag, Blutdruck, Schweiß, Körpertemperatur und andere Faktoren bestimmt, können wir uns einer genaueren Wissenschaft bedienen, um Lügen zu erkennen.

Grundsätzlich gilt, dass jede Emotion des Menschen auf einer Basislinie schwingt. Der menschliche Körper versucht immer in Harmonie mit sich selbst zu sein. Wenn wir in eine Disharmonie fallen, zeigt unser Körper dies durch sogenannte Manipulatoren. Diese können sich in der Körpersprache, der Mimik oder Gestik, aber auch in der Wortwahl, dem Tonfall oder der Klangfarbe äußern. Um mit sich selbst im Reinen zu sein, rechtfertigen Menschen sich und ihr Handeln meist mit den abenteuerlichsten Geschichten, um wieder harmonisch zu werden. Dieser Prozess wird auch *Homöostase* genannt.[25] So redet sich der Dieb ein, dass der Bestohlene ja versichert sei, der Mörder, dass das Opfer den Tod verdiente oder der Lügner, dass seine Lüge gerechtfertigt sei. Die Wahrheit zu sprechen ist für den menschlichen Körper ein harmonischer Akt. Spricht jemand die Unwahrheit, erhebt sich der Körper, auch wenn meist nur sehr kurz, gegen die Lüge und zeigt seine Disharmonie. Das wäre dann auch der Moment, in welchem der Zeiger des Lügendetektors ausschlägt. Der Körper drückt sich durch sein disharmonisches Verhalten aus, um die Harmonie im Körper wieder ins Gleichgewicht zu führen. Im Prinzip also geht es in diesem Buch um nichts anders, als zu erkennen, wann der Körper die Basislinie verlässt, um dann herauszufinden, warum er das tut. Da aber der Buchtitel *Basislinie* so sehr nach Mathematik klingt, verrate ich Ihnen erst jetzt, worum es sich bei der Basislinie handelt.

Wichtig ist, zu verstehen, dass der Körper sich nicht nur durch seine Körpersprache gegen die Disharmonie erhebt. Er kämpft nicht nur gegen die Lüge an. Wir können durch das disharmonische Verhalten ebenfalls erkennen, wann einem Menschen eine gewisse Tat zuwider ist, aber er diese trotzdem begehen muss. Für viele Menschen ist der

Montag so ein Tag, an dem das disharmonische Verhalten überwiegt. Bei dem Gedanken, montags nach einem angenehmen Sonntag wieder arbeiten zu müssen, kriegen manche Menschen einen Kollaps.

Bevor Sie erkennen können, ob ein Mensch von seiner Basislinie abweicht, müssen Sie selbstverständlich diese Basislinie zuerst einmal bestimmt haben. Dies können Sie machen, indem Sie banale Floskeln oder Themen in einem Gespräch verwenden, um herauszufinden, wie der Körper desjenigen reagiert, wenn er die Wahrheit spricht. Der Verhörexperte Mackey konnte dies, wie in den vorangegangenen Techniken beschrieben, während der Phase des Gesprächs tun, in welchem er Gemeinsamkeiten mit den Verhörten aufbaute. Er ließ sie von der Heimat oder anderen Erinnerungen erzählen, die absolut nichts mit dem Verhör zu tun hatten. Er konnte so anhand der Wortwahl, Mimik, Gestik, des Tonfalls und der Klangfarbe erkennen, wie die Basislinie bei dem Verhörten verläuft. Bei Menschen, die wir gut kennen, fällt uns das leichter, da wir ihr Verhalten meist schon gut deuten können. Wir kennen ihre Eigenheiten, ihre Wortwahl und die kleinen Spezialitäten, die den Charakter unserer Bekannten ausmachen. Da wir aber nie wirklich die Basislinie eines anderen Menschen bewusst bestimmen, fällt es uns Menschen schwer, selbst bei unseren Partnern noch Lügen zu erkennen. Unabhängig davon, ob Sie nun ein Verhör führen oder doch lieber diese Fähigkeiten in Ihrem privaten und beruflichen Leben anwenden, so beginnt Ihr Weg des Durchschauens und Entlarvens bei der Erkennung der Basislinie. Bestimmen Sie dazu einmal das Verhalten Ihres Gesprächspartners, wenn dieser sich harmonisch verhält. Welche Worte wählt er? Wie ist der Tonfall? Die Klangfarbe? Die Körpersprache oder Mimik und Gestik? Wenn Sie ein Gefühl für die Basislinie erhalten haben und darauf bewusst und achtsam eingegangen sind, wird Ihnen eine Abweichung viel leichter auffallen. Wenn Ihnen erst einmal das disharmonische Verhalten aufgefallen ist, können Sie damit beginnen, die vorher beschriebenen Techniken zu verwenden, um zur Wahrheit zu gelangen.

Die drei Emotionen der Lüge

Wenn wir Menschen lügen, sind drei Emotionen gut erkennbar und daher auch sehr prägnant für die Lüge. Das prägnanteste Gefühl der Lüge ist die Angst. Der Mensch empfindet selbstverständlich Angst, wenn er verhört wird oder glaubt, dass man seine Lüge enttarnen könnte. Tatsächlich empfinden wir Menschen sogar im gleichen Moment Angst, wenn wir lügen. Die Angst überkommt den Körper just in dem Moment, in dem wir lügen und disharmonisch werden. Wir können die Angst eines Menschen nicht nur an dem Mikroausdruck, welchen Sie im Kapitel Physiologie kennenlernen werden, erfassen, sondern auch an Merkmalen, die den erhöhten Stress erkennbar lassen werden. Dazu gehört beispielsweise ein verstärktes Blinzeln, wenn der Mensch sonst die Augenlider eher ruhig hält, das Stottern oder andere nervöse Verhaltensmuster wie Fingernägelkauen oder das dauerhafte Zittern von Füßen oder Händen. Auch anhand der Worte können wir die Angst eines Menschen erkennen. Wiederholungen oder längere Pausen sind Anzeichen für ängstliches Verhalten während einer Lüge. Doch hier liegt auch die Gefahr. Sowohl der Lügner als auch der Unschuldige, der der Lüge oder vielleicht sogar Straftat bezichtigt wird, empfindet Angst. Der Lügner empfindet die Angst, weil er enttarnt werden könnte, während der zu Unrecht Beschuldigte Angst empfindet, weil er zu Unrecht verurteilt werden könnte. Es besteht die Gefahr, äußerliche Signale als Anzeichen für die Lüge zu deuten. Diese Gefahr nennt Prof. Dr. Paul Ekman den *Othello-Fehler*.[26]

In dem Drama *Othello* von Shakespeare vermutet der Mohr von Venedig zu Unrecht, dass ihn seine geliebte Desdemona mit Cassio betrügt. Ein Irrtum! Seine Liebe möchte, dass er Cassio anhört, doch Othello teilt ihr mit, dass er ihn bereits getötet habe. Sofort bricht Desdemona in Tränen aus und bekundet ihre Traurigkeit, da sie nun die Unschuld von Cassio nicht mehr beweisen kann. Othello, der Narr, aber deutet die Reaktion von Desdemona als Beweis für die Lüge und glaubt, dass sie Cassio liebte, womit er allerdings völlig daneben liegt.

Um den Othello-Fehler nicht selbst zu begehen, können Sie die Ehrlichkeit der empfundenen Angst prüfen, indem Sie klarmachen, dass die Wahrheit ans Licht kommt und die Strafen furchtbar sein werden und der Unschuldige nichts zu befürchten habe. Machen Sie klar, dass eine Lüge die denkbar schlimmsten Folgen für den vermeintlichen Lügner haben könnte. Der Schuldige wird mehr Angst empfinden, während sich der Unschuldige von der Angst lösen wird. Eine andere Technik, die Sie verwenden können, ist der *Switch*, wie ich ihn nenne, um dem Othello-Fehler entgegenzuwirken. Sie wechseln während des Gesprächs einfach immer wieder einmal das Thema. Bleibt die Angst in diesen Momenten weiterhin bestehen, ist das Zeichen eindeutig. Die Angst ist häufig bei der Lüge die dominantere Emotion, da Angst meist nicht zur Wahrheit passt.

Auch das gute Gewissen zeigt sich bei einer Lüge des Öfteren. Wenn man einen Menschen mit seinen Taten konfrontiert und dieser noch leugnet, dass er es getan hat, können wir oft den Ausdruck von Schuld in seinem Gesicht erkennen. Der Ausdruck von Schuld ist sehr stark verwandt mit dem Gesichtsausdruck von Traurigkeit. Beide erlernen Sie ebenfalls im Kapitel der Physiologie. Besonders bei Frauen können Sie während der Lüge die Schuld erkennen. Das Moralgefühl des weiblichen Geschlechts ist einfach weit ausgeprägter. Das ist eine Tatsache, Gentlemen![27]

Um die Schuldgefühle des Lügners herauszuarbeiten, ist es ratsam, seine Gefühle zu verstärken. Sie können Fragen stellen oder Aussagen treffen wie: »Schämst du dich nicht?« oder »Das hätte ich nie von dir erwartet!« Doch auch hier gilt es, vorsichtig zu sein. Bei Hochstaplern, die sich durch ihr ganzes Leben schwindeln, ohne jemals irgendetwas wirklich selber geleistet zu haben, erkennen wir nur selten das Gefühl von Schuld, während andere Menschen, die zu Unrecht als Lügner oder Betrüger tituliert werden, Schuld empfinden können. Warum? Dieser Effekt wird auch das *Impostor-Syndrom*[28] genannt. Oft passiert es, dass sich besonders erfolgreiche Menschen nicht als erfolgreich ansehen und ihre Leistungen unter den Scheffel stellen oder

Angst davor empfinden, dass ihre Umwelt herausfinden könnte, dass sie weniger klug, schön, sexy, wohlhabend oder erfolgreich sind, als man von ihnen erwartet.[29]

Bei einem Fotoshooting, dem ich einmal beisaß – nicht als Model, versteht sich – kam ich ins Gespräch mit einigen Models. Einige von ihnen empfanden Schuld, als sie mit mir sprachen und ich sie nach ihrer Arbeit fragte und wie sie zum Modeln gekommen seien. Sie empfanden keine Schuld, weil sie logen, sondern weil sie dachten, dass sie gar nicht so schön und elegant seien und ich dies entlarven könnte. Man hätten den Eindruck gewinnen können, dass sie unnahbar und kalt waren. Tatsache aber ist, dass viele solcher Menschen keine Nähe zulassen, um sich nicht zu verraten.

Schuld ist nicht nur am Gesichtsausdruck zu erkennen, sondern auch an der Wortwahl. Schuldige oder jene, die Schuld empfinden, entfernen sich gerne von der Schuld und möchten, dass diese nicht an ihnen haftet. Man nennt dies im Fachjargon auch eine *Entpersonalisierung*.[30] Der Körper sucht einen Weg aus der Disharmonie zurück zur Harmonie. Statt zu sagen: »Ich war nicht bei ihm« oder »Ich habe das Paket nicht gestohlen«, entfernen sich Lügner, die Schuld empfinden, weiter von der Schuld und sagen Dinge wie: »Warum sollte jemand dich betrügen?« oder »Wer sollte das Paket auch nehmen wollen? Man würde seinen Job verlieren. Das weiß ja wohl jeder!« Die erste Person Singular wird bewusst vermieden und Worte wie *ich* oder *mein* werden durch *wir* oder *man* ersetzt. Weiterhin werden Taten bagatellisiert, und es wird so getan, als ob alles selbstverständlich sei. Doch auch hier spielt der Sachverhalt der Homöostase eine Rolle. Schuldige, die ihre Tat vor sich selbst rechtfertigen, empfinden keine Schuld. Der Ehepartner, der fremdgeht, empfindet keine Schuld, wenn dieser sich sicher ist, dass der andere ebenfalls fremdgeht. Der Dieb empfindet keine Schuld, weil er meint, dass der Bestohlene ja genug besitzt. Diese Rechtfertigungen sind ein Hindernis für jeden, der Lügen durch Schuldgefühle erkennen will. Das Gute dabei ist jedoch, dass diese Menschen auch durch ein anderes Gefühl enttarnt werden können.

Lügner empfinden oft Freude, während sie lügen. Obwohl die Freude im absoluten Kontrast zur Schuld und zur Angst steht, ist es ein häufig auftretendes Zeichen für die Lüge. Ich habe es selbst schon oft bemerkt, dass Lügner Mikroausdrücke von Zufriedenheit, Befriedigung oder Freude empfinden können. Warum das? Der Lügner kann selbstverständlich Angst empfinden, weil er befürchtet, enttarnt zu werden. Genauso aber kann ein Lügner auch das Gefühl von Freude empfinden, in der Hoffnung, dass Sie ihm seine Lüge abkaufen. So konnte man beispielsweise im Interview von Amanda Knox mit der Moderatorin Diane Sawyer einen Mikroausdruck von Zufriedenheit erkennen, als sie gefragt wurde, ob sie etwas mit dem Mord an Meredith Kercher zu tun hatte. Ob dies ein Zeichen von Zufriedenheit über den Tod von Meredith war, oder ob sie Zufriedenheit empfand, weil man ihr diese Frage stellte, um sie weiter ins Licht der Kamera zu befördern, blieb dabei unklar. Der Mikroausdruck zeigt lediglich, *dass* das Gefühl vorherrschend ist, und nicht *warum*.

Tatsächlich kommt es einem meist unpassend vor, dass jemand grinst oder lächelt, obwohl er in diesem Moment lügt. Geübte Lügner nutzen die Freude sogar als Mittel der Täuschung. Bei der Analyse von Pokerspielern fiel mir auf, dass bestimmte Gefühle tatsächlich vorgetäuscht wurden, um andere Spieler bewusst zu verwirren. Das Pokerface oder der Bluff sind beides bekannte Mittel im Spiel Poker. Tatsache aber ist, dass ein Mikroausdruck, der die ungefilterte Emotion wiederspiegelt und nur für einen Bruchteil einer Sekunde auf dem Gesicht erkennbar ist, nicht vorgetäuscht werden kann. So kann die wahrhaftige oder vorgetäuschte Freude auch beim Lügner erkannt werden. Achten Sie besonders auf Gefühle der Freude, der Schuld oder der Angst, wenn Sie Lügen erkennen wollen. Diese treten meist ungefiltert an das Tageslicht, werden aber dennoch vom Lügner gerne zu kaschieren versucht.

Physiologie

»Was wir sind, sind wir durch unseren Körper.
Der Körper ist der Handschuh der Seele,
seine Sprache das Wort des Herzens.«

Samy Molcho

Wahrheit können wir sehen, wir können sie hören und auch fühlen. Wahrheit können wir lesen. Doch wenn sich die Wahrheit nicht mehr vor uns versteckt, verstecken wir uns oft vor der Wahrheit. Deutliche Anzeichen der Wahrheit und auch der Täuschung erkennen wir in der Körpersprache anderer Menschen. Diese Anzeichen der Wahrheit haben nicht die Möglichkeit, sich zu verstecken. Die Körpersprache selbst ist das Mittel des Körpers, sich auszudrücken. So können die Worte eines Menschen zwar lügen, doch der Körper kann es nicht. Da wir bereits im Kapitel »Psychologie« über die Basislinie gesprochen haben, werde ich hier nicht mehr allzu ausführlich auf dieses Thema eingehen. Dennoch, auch im Bereich der Physiologie gilt, dass der Körper sich in Harmonie befinden möchte. Ein harmonisches Sein ermöglicht dem Körper Gesundheit und Wohlbefinden. Weicht der Körper von dieser Harmonie ab, zeigt sich dies deutlich in der Körpersprache. Laien sprechen daher gerne von der »ehrlichen Körpersprache«. Sie haben vielleicht sogar schon einmal Sätze gehört wie: »Der Körper lügt nie« oder »Die Körpersprache sagt immer die Wahrheit«. Tatsächlich liegt in diesen Äußerungen des Volksmundes selbst ein ganzes Stück Wahrheit. Sobald der Köper von der Basislinie abweicht, werden Disharmonien deutlich in der Körpersprache ausgedrückt. Diese Disharmonien können überall und durch jeden Teil des Körpers präsentiert werden. Es gilt also nur noch, diese Disharmonien aufzudecken und die Zeichen des Körpers zu enttarnen. Doch das Ganze ist nicht so einfach, wie es gerne dargestellt wird. Oft fehlt es an mangelndem Fachwissen oder der nötigen Achtsamkeit, um das Verborgene zu erkennen. Die Achtsamkeit, über die wir bereits im gleichnamigen Kapitel gesprochen haben, setzen wir nun wieder als Werkzeug ein. Mit ihr gelingt es uns, die einzelnen Aspekte der Körpersprache deutlich zu sehen und wahrzunehmen.

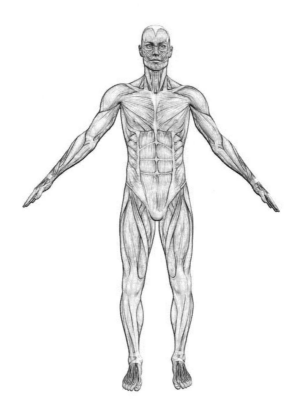

Im Anschluss folgt die Analyse. Doch Vorsicht, bei der Analyse der Physiologie sollten Sie niemals einzelne Zeichen, die Sie für verräterisch halten, als Beweis für die Lüge sehen. Amateure und Experten mit gefährlichem Halbwissen tun dies sehr gerne. Denn obwohl ihre Deutungen zum richtigen Ergebnis führen können, müssen sie es nicht. Eine wissenschaftliche Studie im Fachblatt Science zeigte dies vor einigen Jahren.[31]

Für die Studie zeigten Forscher insgesamt 45 Probanden Fotos von Tennisprofis, die gerade einen wichtigen Punkt entweder verloren oder gewonnen hatten. Die Forscher teilten das Bild in drei Quadranten ein und zeigten unterschiedlichen Teilnehmern immer nur den ersten Quadranten (Kopf und Hals) und fragten die Testpersonen, ob sie erkennen konnten, ob der Tennisspieler den Punkt gewonnen oder verloren hatte. Sahen die Versuchsteilnehmer nur das Gesicht, waren Freude oder Ärger kaum zu unterscheiden. Die Teilnehmer sahen immer wieder Gesichtsausdrücke von Schmerz oder Freude und gingen davon aus, dass Schmerz für die Niederlage und Freude für den Sieg standen. Tatsächlich aber empfanden viele der Gewinner ebenfalls Schmerz über den befreienden Sieg in einem angestrengten Match. Die Psychologen folgerten daraus, dass die Gesichtsmuskulatur nicht gut dafür geeignet ist, intensive Gefühle verständlich auszudrücken. In diesen Fällen sei der gesamte Körperausdruck sehr viel eindeutiger.

De facto müssen wir also nicht nur die Gefühle durch die Gesichter der Menschen lesen, sondern sie in Abhängigkeit zum ganzen Körper betrachten. Ihre Aufmerksamkeit und Achtsamkeit muss sich also jederzeit auf den ganzen Ausdruck jeden Bereiches des Körpers konzentrieren. Ohne dies wäre jede Analyse unzutreffend und sehr wahrscheinlich fehlerhaft. Wir können jedoch in diesem Kontext nicht vollumfänglich auf alle Bewegungen oder verräterischen Merkmale der Körpersprache eingehen, da dies hier den Rahmen sprengen würde. Zu sagen, dass jene oder diese Bewegung dieses oder jenes preisgibt, ist ein reiner Mythos. Für ein umfassenderes Fachwissen konzentrieren wir uns daher lieber vorab auf die sogenannten *Zeichen* der Körpersprache, um zu verstehen, an welchem Punkt wir Lügen genau identifizieren können. Man ordnet die körpersprachlichen Merkmale oder *Zeichen* allgemein in drei Arten ein: *Embleme, Illustratoren und Manipulatoren.*

Embleme

Wenn wir etwas nicht wissen, dann zucken wir mit den Achseln. Sind wir wütend auf jemanden, zeigen wir den Stinkefinger. Wollen wir jemanden grüßen, winken wir oder heben die Hand. Sind wir zornig, ballen wir eine Faust. All dies sind Embleme. Diese sind oft kulturspezifisch. Der Japaner grüßt Sie mit einer Verbeugung, während der Engländer Ihnen die Hand reicht. Wir schütteln den Kopf, um ein einfaches »Nein« zum Ausdruck zu bringen oder winken mit unserer Hand zum Gruß aus der Entfernung. Embleme sind Zeichen, welche wir schon in unserer Kindheit lernen, die in unserer Sozialkultur einen Platz gefunden haben, um Worte ersetzen zu können. Selbst die kurzen Handzeichen der Spezialeinheiten der Behörden oder des Militärs sind Embleme. Die zwei Finger, die horizontal auf das Ziel zeigen, habe ihre klare Bedeutung. So gilt es in der Analyse der Körpersprache auch Embleme fachlich richtig zu deuten. Allgemein gilt: Wenn Worte durch Zeichen ersetzt werden, sprechen wir von einem Emblem.

Illustratoren

Wenn Embleme sich häufen, sinkt die Anzahl von Illustratoren und umgekehrt. Illustratoren sind Untermalungen einer Aussage. Wir Menschen sprechen oft mit unseren Händen und Füßen und zeigen mit ihnen in alle möglichen Richtungen, um aufzuzeigen oder zu verdeutlichen. Mein Lieblingsbeispiel für Illustratoren ist der Redner auf der Bühne. Er untermalt Aussagen oft mit den Händen. Zeichnet Dinge in die Luft oder gibt ihnen Akzente. Doch nicht nur unsere Hände illustrieren. Unser ganzer Körper tut dies. Die Augenbrauen werden beispielsweise benutzt, um Erstaunen zu zeigen. Wir nutzen Illustratoren, um einen Weg zu beschreiben, ein Zick-Zack zu erklären oder auch eine Wendeltreppe zu beschreiben. Selbst das Zählen mit den Händen ist ein Illustrator. Auch Illustratoren sind kulturabhängig. Nehmen wir zum Beispiel einmal den Italiener. Der Italiener liebt seine Illustratoren. Wenn er beispielsweise von geliebten Menschen oder Dingen spricht, dreht und schwenkt er seine Hände wie bei einem Konzert von Vivaldi. Wir können festhalten: Weicht die Anzahl der Illustratoren von der Basislinie ab, so ist dies ein Hinweis für eine Täuschung oder Lüge.

Manipulatoren

Ein Manipulator ist eine Beruhigungsgeste des Körpers. Beruhigungsgesten setzen wir dann ein, wenn wir unter Stress stehen. Meistens streicheln wir uns selbst, fahren uns durchs Haar oder reiben an unserem Körper. Einige kauen an den Fingernägeln, andere streicheln sich den Nacken oder spielen an ihrer Kette oder Uhr herum. Der Manipulator wird vom Körper automatisch genutzt, um den Stresslevel im Körper auszugleichen. Da der Körper Stress empfindet, wenn wir Lügen, ertappen wir häufig den Lügner durch die vermehrte Anzahl seiner Manipulatoren. Jedoch ist auch hier bei der Deutung Vorsicht geboten! Ist das Fingernägelkauen eine Gewohnheit des Menschen, weicht dieses damit nicht von der eigenen Basislinie ab. Der eigentliche Manipulator ist in diesem Fall eher eine Gewohnheit. Achten Sie bei den Manipulatoren also darauf, ob diese eindeutig sind oder eher eine Gewohnheit des Menschen abbilden. Gut sichtbare Manipulatoren sind leicht zu erkennen. Oft übersehen wir aber die kleinen Manipulatoren, wie das Ziehen an oder Streicheln über die Fingerkuppe oder den Handballen. Allgemein gilt: Häufen sich Manipulatoren, ist dies ein Zeichen dafür, dass der Körper versucht, Stress abzubauen. Der Stresspegel kann somit ein Signal für eine Täuschung oder Lüge sein. Achten Sie immer auf den Wechsel von und zur Basislinie des Menschen, nachdem Sie diese bestimmt haben.

Schauen wir uns im Folgenden also einmal genauer an, an welchen Stellen des Körpers wir Embleme, Illustratoren und Manipulatoren finden. Lassen Sie uns damit beginnen, die einzelnen Bereiche im Sinne der Körpersprache zu erforschen. Dabei teilen wir die einzelnen Bereiche des Körpers in vier Quadranten ein, welche wiederum auch eigene Quadranten besitzen können.

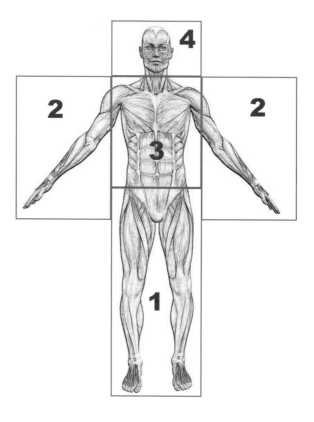

Quadranten des Körpers

Die Füße und Beine

Wir arbeiten uns nun von unten nach oben durch den Körper. Dabei führt uns unser Weg zwangsläufig über die Füße und Beine. Vielleicht denken Sie jetzt: »Was sollen mir denn bitteschön die Füße über einen Menschen sagen?« Tatsächlich aber sind die Füße der ehrlichste Teil des Körpers. Während wir unsere Füße in der Kombination mit unseren Beinen dafür verwenden, um unseren Körper in eine Richtung zu bewegen, zeigen die Füße außerdem auch den Weg unserer Gedanken und deren Richtung an. Bei Frauen ist es beispielsweise sehr gut zu erkennen, wo ihre Gedanken hinfließen. Das typische übergeschlagene Bein der Damen lässt den linken oder rechten Fuß in eine bestimmte Richtung schauen. Die Füße zeigen daher meist die Richtung an, in welcher die Gedanken und damit auch der Fokus hinfließen, wie am folgenden Beispiel gut zu erkennen ist:

Ich bin auf einer Geschäftsreise und sitze in der Lobby des Hotels in Frankfurt. Etwa drei Meter vor mir haben sich zwei sehr attraktive Damen auf ein Sofa gesetzt und kommen miteinander ins Gespräch. Wenig später kommt ein Mann zu ihnen herüber, den die Damen scheinbar nicht kennen. Fast synchron schlagen beide Frauen nach den ersten fünf Sekunden des Gespräches mit dem Herrn die Beine um. Beide Füße zeigen nun deutlich in Richtung Tür. Die Absicht ist klar: Sie wollen sich entfernen oder, dass der Gentleman, der sie ansprach, sich schleunigst wieder entfernt. Der gute Herr allerdings scheint nichts zu begreifen und kriegt eine deutliche Abfuhr, als beide Damen aufstehen, ein sogenannter *Fake Smile* über ihre Gesichter huscht und sie sich freundlich verabschieden.

Die Füße und Beine können Ihnen wunderbar verraten, in welche Richtung die Gedanken eines Menschen fließen. Das Überschlagen der Beine signalisiert oft, dass eine Art Mauer durch den Oberschenkel aufgebaut wird. Normalerweise befinden sich die Beine und

Füße in harmonischer Synchronität mit den Armen, Schultern oder sogar dem Gesicht ihres Besitzers. Verschränkte Arme und Beine zeigen hingegen eindeutig, dass die Person sich von etwas fortbewegen möchte, sich dagegen wehrt oder es schlicht ablehnt. Ein offener Stand und eine geöffnete Körperhaltung sprechen für das offene und preisgebende Verhalten eines Menschen. Ein Lügner zeigt nur selten eine geöffnete Körpersprache, es sei denn, er will Sie ganz bewusst täuschen oder sicherstellen, dass Sie ihm seine Lüge auch abkaufen. Gute Lügner sind trainiert, aber in 99 von 100 Fällen haben wir es mit Amateuren zu tun, die ohne jegliches Training lügen.

Eine geschlossene Körperhaltung, wie überkreuzte Füße unter dem Tisch oder dem Stuhl, zeigt Ihnen die zurückhaltende oder sogar ablehnende Haltung gegenüber der Situation oder dem gerade behandelten Gesprächsthema an. Es ist daher ratsam, ein Interview oder ein Geschäftsgespräch an einem Glastisch durchzuführen, sofern Sie dazu die Möglichkeit haben. Sie können durch die Position der Beine und Füße die Gedankenrichtung Ihres Gegenübers erkennen. Wenn diese von der gewohnten Körperhaltung oder der Basislinie abweicht, können Sie Manipulatoren besser erkennen und einordnen. Das Wippen mit dem Fuß oder das Drehen des Fußgelenks deuten auf nervöses Verhalten oder Unwohlsein hin. Was unter dem Tisch passiert, ist also mindestens genauso interessant wie das, was oberhalb des Tisches vor sich geht. Den Grund für das Unwohlsein oder die Nervosität Ihres Gegenübers wird Ihnen der Glastisch jedoch nicht verraten. Doch die Anzeichen sind eine gute Einleitung für gezielte und intelligente Fragetechniken, welche Sie im späteren Teil des Buches erlernen werden. Haben Sie aber zuvor eine Frage gestellt, die nun Ihrem Gesprächspartner missfällt, können Sie auch dies wunderbar an den Manipulatoren im ersten Quadranten erkennen. Sie können selbstverständlich auch auf den Tisch verzichten und einander stattdessen nur auf Stühlen gegenübersitzen. Das macht das Ganze noch einfacher. Wenn Sie Bürostühle mit Rollen verwenden, können mögliche Manipulatoren, die Nervosität oder Angst ausdrücken, sogar noch einfacher enttarnt werden.

Ich muss in diesem Kontext gestehen, dass es um ein Vielfaches einfacher ist, die Körpersprache und deren Signale anhand der Füße und Beine des weiblichen Geschlechts zu lesen. Ein übergeschlagenes Bein muss noch lange kein Zeichen von Ablehnung sein, sondern ist schlicht und einfach ein Verweis darauf, in welche Richtung die Gedanken der Besitzerin fokussiert sind. Ein gekonnter Illustrator! Betrachten Sie bei der Analyse der Physiologie allerdings niemals die Beine und Füße unabhängig von den Signalen des Körpers durch andere Körperteile. Der Körper spricht immer synchron. Fällt der Körper aus der Harmonie heraus, zeigt sich die Disharmonie durch die fehlende Synchronität in den verschiedenen Quadranten.

Doch auch Männer verraten ihre Gedanken und ihren Fokus durch die Positionierung ihrer Beine. Der feste Stand oder die geöffnete Beinposition im Sitzen kann die Dominanz eines Mannes deutlich hervorheben. Auch das breitbeinige Sitzen und das Präsentieren der besten Teile des Mannes ist hierfür ein Beispiel. Es handelt sich dabei um ein absolutes Territorialverhalten. Besonders Männer mit Macht zeigen durch ihren Stand, sowohl physisch als auch sozial, dass sie das Sagen haben. Edward Hall fand dazu in den 1960er Jahren heraus, dass wir Menschen durch unsere Füße und Beine einen größeren Raum beanspruchen, je höher unser Stand in der Gesellschaft ist.[32] Dieser kann durch materiellen Wohlstand, Macht oder gesellschaftlichen Status bedingt sein. Hall nannte dies den *territorialen Imperativ*. Im gleichen Kontext spricht man auch gerne von der *Individualdistanz*. Diese ist jene Distanz, die unsere Komfortzone widerspiegelt. Dabei sind diese Zonen kulturell bedingt. Während der Japaner lieber mehr Abstand beim Gespräch pflegt, tritt der Brasilianer so nah es geht an Sie heran und geht am liebsten auf Tuchfühlung. Der Ausdruck »mit jemandem auf Kriegsfuß *stehen*« kommt nicht von ungefähr.

Ein nach vorne gebeugter Körper kann dazu noch zeigen, dass man bereit ist, in Streitfragen seinen Standpunkt auch zu verteidigen oder vor Vorfreude am liebsten aufspringen würde. Während geknickte

Beine, welche sich unter den Stuhl verkriechen, wiederum eine eher zurückhaltende Art erkennen lassen. Sie haben höchstwahrscheinlich gemerkt, dass man bei der Analyse der Körpersprache die Bewegungen fast wörtlich nehmen kann. Achten Sie vor allem darauf, wo der Fokus hinfließt. Dorthin, wo die Aufmerksamkeit ist, bewegt sich auch der Körper, selbst wenn er nur in diese Richtung deutet. Dies betrifft ebenfalls Ihre Gangart. Der Wissenschaftler Desmond Morris fand dazu heraus, dass wir Menschen etwa 40 verschiedene Gangarten identifizieren können und es eine Mehrzahl weiterer gibt.[33] Tatsächlich sind einige dieser Gangarten berühmt geworden. Schauspieler wie Charlie Chaplin oder John Wayne wurden bekannt für ihren speziellen und markanten Gang. Der Gang eines Menschen verrät Ihnen ebenfalls, wohin der Fokus des Menschen ausgerichtet ist. Ein schneller Gang, wir wissen das, deutet meist auf Stress oder Nervosität hin, während der langsame Gang eine gelassene und stressfreie Emotion spiegelt. So können wir sehen, dass das geplante Meeting mit dem neuen Kunden, der durch die Tür wie ein Ferrari schießt und hastig einen Stuhl sucht, eher angespannt verlaufen wird. Wir können schlendern, bummeln, trotten, schlurfen, schlappen, humpeln, rennen, hetzen, trappeln, marschieren, flanieren und stolzieren. Dabei gilt es immer zu hinterfragen, ob die Gangart des Menschen von seiner gewohnten Gangart und seiner Basislinie abweicht.

Auch die Hüfte gehört zum ersten Quadranten und spielt eine entscheidende Rolle bei der Identifikation des Fokus eines Menschen. Während der Torso eines Körpers in einem Gespräch auf Sie gerichtet sein kann, kann die Hüfte sich gemeinsam mit den Beinen in eine andere Richtung bewegen. So ist klar erkennbar, dass man Sie zwar beachtet, aber dennoch nicht ganz bei Ihnen und der Sache ist.

Erst vor kurzem fiel mir dies wieder einmal auf. Gemeinsam mit einer Kollegin saßen wir mit einem Abteilungsleiter und dessen Sachbearbeiter zusammen beim Essen. Es war nicht nur deutlich zu erkennen, wer das Sagen hatte, sondern auch, dass der Manager seine

Hüfte deutlich von seinem Mitarbeiter distanzierte. Er drehte sich fast gänzlich von ihm weg. Als sein Mitarbeiter aufstand, um die Herrentoilette aufzusuchen, sagte sein Vorgesetzter kurz darauf: »Beim nächsten Gespräch wird er nicht mehr dabei sein. Er hat sich zu viel geleistet und ist kein Mehrwert mehr für uns.« Er schien ein gewisses Maß an Abneigung gegenüber seinem Kollegen zu hegen. Das Wort Abneigung trifft es hier besonders gut, da beide Menschen sich wortwörtlich voneinander »wegneigten«. In einem anderen Meeting mit einem hochrangigen Manager eines deutschen Flughafens fiel mir dies erneut auf. Als die Mitarbeiter gemeinsam in einem Meeting zur Sicherheitslage der Personalkontrollen am Flughafen Ihre Meinung und Vorschläge zur Besserung der Prozesse schildern sollten, wurde die persönliche Einstellung der Mitarbeiter ihrem Boss gegenüber sichtbar. Als sie den Vorschlägen ihres Vorgesetzen zustimmten, rutschten sie auf dem Stuhl hin und her und positionierten ihre Hüften Richtung Ausgangstür. Die Zustimmung war eine Lüge, und keiner der Mitarbeiter nahm den Vorgesetzten ernst. Auch andere Quadranten zeigten deutliche Manipulatoren in völliger Symbiose mit der Hüfte. Nach dem Meeting hörte ich zwei der Mitarbeiter auf dem Flur des Büros tuscheln: »Das Meeting hätten wir uns auch sparen können.«

Die Hüfte des Menschen ist ein wesentlicher Teil des Körpers, der für die Haltung zuständig ist. Tatsächlich können wir sogar die innere Haltung eines Menschen gegenüber einem anderen Menschen, einem Gedanken oder einer Idee anhand seiner Hüfte erkennen. So erinnert sich der ehemalige FBI-Profiler Joe Navarro an eine Schulung für Zollfahnder in den USA, die er gegeben hat.[34] Er erklärt, dass Zollfahnder schon während der Ausbildung beigebracht bekamen, das gesprochene Wort in Verbindung mit der Position der Beine und der Hüfte zu setzen. Selbstverständlich sind die meisten Menschen nach einem Flug auf dem Sprung und sagen schon affirmativ, dass sie nichts zu verzollen haben. Doch die Fahnder wurden stutzig, wenn Menschen angaben, dass sie keine Waren für den Zoll mit sich führten und dabei ihre Füße in eine andere Richtung zeigten. Das Gesprochene widersprach dem Gezeigten. Ein klarer Fall von Disharmonie. Die Fahnder wurden aufmerksam und fanden in über 90 Prozent der Fälle Zollgut.[35]

Auch können die Füße eine bereits bestehende Beziehung anzeigen. Das Schritttempo, die Synchronität der Schritte oder sogar die gleiche Gangart zeigen an, dass eine Beziehung oder Verbindung zwischen einem Menschen und einem anderen besteht. Denken Sie beispielsweise einmal an das Militär. Warum gibt es den Marschbefehl oder den Gleichschritt? Dies ist ein Zeichen der Einigkeit. Man isst zusammen, man marschiert zusammen und man kämpft zusammen. Selbst das markante Hackenknallen ist eine bekannte Bewegung, die den Respekt vor der Dominanz des höherrangigen Soldaten anzeigt. Da soll doch einmal jemand sagen, unsere Füße würden, bis auf unsere Schuhgröße, nichts über uns verraten.

Hände und Arme

Es gibt diverse Handbewegungen, die verschiedene Gefühle ausdrücken, der hochgestellte Mittelfinger zum Beispiel oder die flach ausgestreckte Hand des in der Nazizeit üblichen Hitlergrußes. Letzterer war eine dominante Pose. Auch die gefalteten Hände beim Beten von Maria Magdalena sind solch ein Ausdruck. Unsere Hände verraten sehr viel über unseren Zustand, unser Befinden und was wir denken. Da wir Menschen, abhängig von der Kultur, selbst in Gesprächen wild und stark gestikulieren können, zeigen wir deutlich mit unseren Händen, wovon wir sprechen. Es ist meist einfach, einem Gespräch zu folgen, ohne auf die Worte zu achten. Was die Hände sagen, reicht oft völlig aus. Wir zeichnen unsere Gedanken durch unsere Hände, wie ein Maler mit seinem Pinsel sein Kunstwerk gestaltet. Ja, nicht nur Dirigenten schwingen ihre Arme und Hände. Jeder Mensch auf Gottes schöner Erde tut dies. Ein klassischer Illustrator!

Bei einem Kundengespräch fiel mir einmal auf, dass der Kunde permanent von den Aufgaben sprach, die noch zu erledigen seien. Dabei zeigte er immer unbewusst auf einen seiner Mitarbeiter. Als dann der Teil des Gesprächs aufkam, in welchem Aufgaben verteilt wurden und sich noch alle fragten, wer welche Aufgabe bekommt, erhielt genau dieser Mitarbeiter die Aufgaben, von denen vorher gesprochen wurde. Was für ein Zufall!

Auf meinen Reisen erkannte ich des Öfteren, dass abhängig von dem Land, in welchem ich mich gerade befand, die Menschen mehr oder weniger stark mit ihren Händen gestikulierten. Der Japaner gestikuliert um ein Vielfaches weniger als der Italiener oder Araber. Selbst der Deutsche steht im Widerspruch zum Brasilianer, wenn es um die Gestik der Hände geht. Doch unabhängig von der Kultur, bleibt eines klar: Die Emotionen einer Person und auch deren Gedanken werden durch die Gestik der Hände gespiegelt. Die Hände zeichnen dabei meist ein Meer aus Illustratoren. Diese können wir wiederum dafür verwenden, um Lügen oder Täuschungen besser deuten zu können. Sobald die Illustratoren von der Basislinie abweichen, fällt die Disharmonie auf, und der Körper beginnt diese auszugleichen. In diesen Momenten erkennen wir die Täuschung.

Auch in Streitgesprächen lassen die Hände durchblicken, wo die Reise hingehen soll. So ist beispielsweise der erhobene Zeigefinger ein Zeichen der Mahnung oder die Faust ein Zeichen des Zorns. Handbewegungen können in zwei Formen der Gestik eingeteilt werden, die *offene* und die *geschlossene Geste*. Bei der offenen Geste bleibt nichts verborgen. Die Hand wird geöffnet und zeigt eine vertrauensvolle und freundliche Einladung an. »Setzen Sie sich doch bitte«, sagt die ausführende Person, und ihre Hände zeigen auf den Stuhl. Das ist eine offene und freundliche Einladung, sich hinzusetzen. Der Befehl, sich einen Stuhl zu suchen, würde anders aussehen. Die offene Handbewegung zeigt die verwundbare, offene und innere Seite der Hand. Die Handfläche wird dabei freigelegt. Sobald der verwundbare Teil des Körpers geöffnet wird, sind die offenen

Züge der Körpersprache deutlicher zu erkennen. Die geschlossene Geste jedoch mit der umgekehrten Handfläche würde auf den Befehl hindeuten. »Nehmen Sie Platz«, und der Finger zeigt dabei auf den Stuhl. Das sich an diese Geste anschließende Gespräch wird vermutlich eher unangenehm verlaufen. Das Heben der Hand, wobei der Handrücken nach oben zeigt, gilt als dominantes Zeichen. Der Hitlergruß, aber auch der Gruß des römischen Kaisers waren solch geschlossene Bewegungen. Handbewegungen können ebenfalls religiöse Hintergründe haben. Der aufrechte rechte Zeigefinger war eine klassische Geste im Islam, bis sie vom Islamischen Staat als Erkennungsmerkmal missbraucht wurde. Auf diversen Bekennervideos und Kurzfilmen von fanatischen Islamisten ist der rechte erhobene Zeigefinger zu erkennen. Ein anderes Beispiel für eine Handbewegung ist das Stop-Zeichen: die ausgestreckte flache Hand, welche die innere Handfläche aufzeigt, als Zeichen für das sofortige Unterlassen jeglicher Handlungen oder Worte.

Dabei muss eine Handbewegung nicht immer nach dem gleichen Muster erfolgen. So kann beispielsweise die Stopp-Bewegung auch längs zum Körper erfolgen. Unsere Hände können unsere Emotionen auf die mannigfaltigsten Möglichkeiten spiegeln. Hände lügen nicht.

Unsere Hände können auch beeinflussen. Kennen Sie den Ausdruck »die Macht ergreifen«? Bei Politikern kann man häufiger sehen, wie sie ihre Macht zum Ausdruck bringen wollen, indem sie die eine Hand auf die Schulter des anderen legen. So kam es, dass der ehemalige US-Präsident George W. Bush Vladimir Putin in Washington empfing und ihm bei der Begrüßung die linke Hand auf die Schulter legte. Eine klare dominante Bewegung, die aussagt: »Ich bin der Boss!« Doch Herr Putin, als ehemaliger KGB-Agent, kannte diese Geste bereits und drehte den Spieß später um und tat es Herrn Bush gleich. Bei der Verabschiedung wanderte die Hand Putins zur Schulter des damaligen US-Präsidenten und erwiderte die Geste.

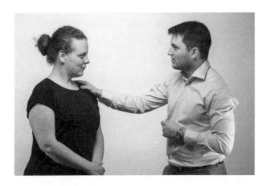

Gleichzeitig aber kann diese Bewegung sich um eine Haaresbreite verändern, und die Hände wandern zum Oberarm, anstatt auf die Schulter. Dies ist ein Zeichen für die Verbindung, die man aufbaut und mit der man sagen möchte: »Ich bin bei Ihnen und sehe das ähnlich.« Sie können dazu einmal ein kleines soziales Experiment starten und bei einer Möglichkeit Ihrem Vorgesetzen oder einer anderen Person mit Macht die Hand auf die Schulter legen. Sie wollen nicht zeigen, dass Sie etwa besser sind, sondern herausfinden, wie er auf das dominante Verhalten eines anderen reagiert. Dann wechseln Sie beim nächsten Mal von der Schulter zum Oberarm. Unbewusst bauen Sie eine klare Verbindung auf und zeigen, dass Sie im gleichen Team spielen und keine Konkurrenten sind, er Sie aber sehr wohl ernst nehmen sollte. Sie machen Platz für die Dominanz eines anderen, ermöglichen sich aber selbst den eigenen Raum zu nehmen. Unser Bewusstsein registriert diese Abweichungen und Gesten meist nicht wirklich, unser Unterbewusstsein aber tut dies.

Eine andere Geste, die Sie kennen, ist – wie das Wippen mit den Füßen – das Trommeln mit den Fingern. Dabei handelt es sich um ein klares Zeichen für Nervosität. Das Trommeln kann als Manipulator verstanden werden, da auf diesem Wege versucht wird, den überschüssigen Stress im Körper abzubauen. Der Mensch denkt zum Beispiel: »Wann geht es endlich los?« Das langsame Klopfen auf der Tischplatte kann genauso auch ein Zeichen für Langeweile sein, die mit der gleichen Frage beginnt. Achten Sie daher nicht nur auf die einzelnen Illustratoren der Hände. Tatsächlich können wir mit den Händen so viele Illustratoren zeichnen, dass niemand diese sich wirklich alle merken könnte. Achten Sie zusätzlich auf die Manipulatoren, welche den Stress des Körpers zu vermindern versuchen. Sie wissen ja bereits, dass der Mensch Stress empfindet, wenn er täuscht oder lügt. Wenn sich die Hände auf und ab bewegen und den Oberschenkel streicheln, ist dies eine beruhigende Bewegung für den Körper. Ein Manipulator, welcher den Stress abbauen soll. Das Händereiben, welches wir gesellschaftlich als einen Ausdruck der Vorfreude interpretieren, ist ein weiterer Manipulator dieser Art. Auch in diesem Fall wird Stress abgebaut. Genauer aber handelt es sich um Eustress. Der positive Stress, welchen wir empfinden können, lässt unseren Körper Dopamin und Noradrenalin ausschütten. Das Resultat ist, dass wir uns glücklich fühlen und voller Vorfreude sind. Im Gegenteil dazu kann der negative Stress, genannt Distress, unseren Körper lähmen, uns in eine starre Position versetzen oder unsere Körpersprache verändern. Oft streifen Hände unsere über das Gesicht, wenn wir versuchen, Stress abzubauen. Auch das Legen der einen Hand in den Nacken oder das Reiben und Kratzen der Brust ist ein solcher Manipulator, der zum Stressabbau ausgeführt wird. Solche Bewegungen gelten damit als klares Zeichen für das Unbehagen eines Menschen. Der Mensch versucht wortwörtlich, den Stress »wegzureiben«, indem er ihn wegkratzt. Es handelt sich dabei also um eine klassische Beruhigungsgeste, die Sie als Manipulator verstehen können.

Physiologie

Der typische Griff zum Nacken oder den eigenen Schultern ist ein ähnlicher Manipulator. Wir fassen uns an die Schultern und spüren die angespannten Muskeln und wünschten uns am liebsten eine Massage herbei. Die Muskeln verkrampfen durch den Stress, den der Körper empfindet. Das Resultat ist, dass unsere Hände versuchen, diesen Stress selbst zu lösen. Wir reiben und massieren daraufhin unsere Muskeln und versuchen den Stress vollkommen abzubauen.

Eine weitere Bewegung der Hände kann man oft bei ungeübten Rednern erkennen, die sich hinter dem Rednerpult verstecken und das Pult mit den Händen fest umklammern. Sie suchen Halt am Pult, da ihre Worte meist haltlos sind. Hervorragende Redner sprechen frei und fernab vom Pult. Denn wer Menschen bewegen will, muss sich selbst bewegen. Auch auf Partys ist diese Handbewegung bekannt. Niemand steht gerne mit leeren Händen da. Was wird also getan? Ein

Bier oder ein Glas Sekt muss her. Das hält man dann so lange fest, bis ein neues Glas das leere ersetzt. Selbst wenn das Glas schon längst leer ist, wird weiterhin daran festgehalten. Wo soll man auch sonst mit den Händen hin? In die Hosentasche etwa? Hände in den Hosentaschen sind ein klares Zeichen, dass jemand etwas verbergen will. Doch aufgepasst, vielleicht hat er auch nur kalte Hände. Sind die Hände in den Taschen, und der Daumen zeigt nach außen, ist dies ein klares Zeichen für das dominante Verhalten einer Person. Warum? Der Daumen ist der stärkste Finger. Kennen Sie noch die Daumen in der Gürtelschlaufe in den alten Western mit John Wayne? Ein klares Zeichen für die Dominanz des Helden im Wilden Westen. Diese Bewegung ist auch heute noch aktuell und wird von Menschen verwendet, die keinen Colt Peacemaker im Holster an der Hose haben. Die Daumen signalisieren, dass man die Situation vollständig im Griff hat und im Notfall schleunigst reagieren kann.

Die Hände können allgemein die unterschiedlichsten Gesten darstellen – zu viele, um diese hier alle zu erläutern. Eine Geste, welche Sie allerdings sehr genau beachten sollten, ist der Händedruck. Der Händedruck, der im Westen als Begrüßungs- oder Abschiedsgeste gilt, ist eine vertrauenswürdige Bewegung. Entwickelt hatte sich diese Geste, um zu zeigen, dass man keine Waffen in den Händen hält. Die persönlichere Geste der Umarmung ist dasselbe in Grün. Man umarmt sich und öffnet den Körper, wirkt einladend und nimmt sogar Körperkontakt auf, um jemanden fröhlich zu begrüßen.

Allen Konopacki führte in den USA einmal ein Experiment dazu durch, indem er 25 Cent in einer Telefonzelle zurückließ. Er sprach daraufhin alle Menschen an, die in jene Telefonzelle gingen und die 25 Cent aufhoben. Er fragte, ob sie in der Zelle 25 Cent gefunden hätten. Tatsächlich logen über 50 Prozent der Menschen und gaben an, die 25 Cent nicht gesehen zu haben. Als er sich aber vor der Frage mit einem Händedruck bei den Menschen vorstellte, sank die Quote der Lügner von 50 Prozent auf 24 Prozent. Der Händedruck hatte eine Verbindung aufgebaut.[36]

Physiologie

Dabei ist es erst einmal egal, ob der Händedruck stark oder schwach ist. Die Stärke des Händedrucks zeigt die Dominanz des Menschen an. Dabei spielt es auch eine Rolle, welche Hand beim Händedruck oben liegt. Die oben liegende Hand ist die dominantere.

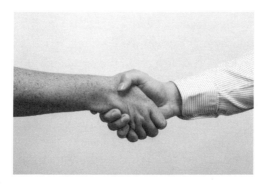

Die Redewendung »die Oberhand gewinnen« hat eine Bedeutung. Greifen Sie daher immer gerade nach der Hand Ihres Gegenübers. Halten Sie die Hand für zwei bis vier Sekunden fest, blicken Sie in die Augen des Menschen und lassen Sie wieder los. Ein Lächeln kann nebenbei auch nicht schaden. Eine vernünftige und respektvolle Begrüßung baut eine Verbindung auf und erschwert es dem Lügner, Sie zu täuschen. Doch auch hier gibt es eine Abweichung. Psychopathen, Soziopathen und auch Narzissten reagieren hier anders. Greifen Sie also fest zu, und lassen Sie Ihre Hände nicht an Ihrem Gesprächspartner abrutschen. Nichts ist schlimmer als ein schlüpfriger Händedruck bei einer Begrüßung. Studien haben gezeigt, dass ein starker Händedruck oft auf einen Kontrahenten schließen lässt und ein dominantes Verhalten bekundet. Ein fester Händedruck bei Frauen kann ebenfalls auf Offenheit deuten – bei Männern dagegen nicht. Ein schwacher oder leichter Händedruck hingegen zeigt, dass man Ihnen eigentlich nicht die Hand geben will oder die Person mit den Gedanken nicht bei der Sache ist oder sogar selbstgefällig bis narzisstisch sein kann. Ein zu lang andauernder Händedruck hingegen wirkt zu dominant und aufgesetzt. Man möchte Sie im wahrsten Sinne nicht gehen lassen.

Die Hände sind wie ein Zeigestab und zeigen permanent auf das, was wichtig ist. Meist sind es die Finger, die auf den eigenen Körper zeigen. Ich habe in diesem Zusammenhang einmal gesehen, wie ein Lügner seine Tat abstritt und auf die Frage hin, ob er wüsste, wer der Dieb sei, mit dem Finger auf sich selbst zeigte, während er von einem anderen Menschen sprach. Mit dem Zeigefinger auf der Brust, war der Dieb nicht besonders schlau und wurde wenig später auch überführt. Auch hier hatte der Körper sich selbst preisgegeben, um die Harmonie wiederherzustellen.

Zum zweiten Quadranten gehören jedoch nicht nur die Hände. Der Ellbogen ist ein weiterer Teil des zweiten Quadranten, der die Gefühle eines Menschen darstellen kann und ihn verrät. Blicken wir dazu einmal kurz in die Tierwelt. Wie viele Tiere kennen Sie, die sich aufplustern, um ihre Dominanz zu zeigen? In der Balzzeit der Tiere, oder wenn Gefahren drohen, kann man dies besonders gut sehen. Manchmal ist Balzzeit und Gefahr ja dasselbe – wir Männer wissen das. Die Kobra lässt ihren Kopf größer aussehen, der Wellensittich, die Amsel oder der Kragenparadiesvogel plustern sich auf, und selbst der Affe drückt seine Ellbogen heraus. Der Vogel streckt seine Flügel aus und zeigt seine Größe durch die Spannweite seiner Schwingen. Alle diese Tiere tun dies, um ihre Dominanz auszustrahlen oder um einem anderen Tier ihr Verhalten zu zeigen. Auch hier handelt es sich um ein absolutes Territorialverhalten. Durch die Forschung wissen wir, dass wir Homo Sapiens uns nicht allzu weit vom Verhalten der Tiere entfernen.

Vor allem beim Sozialverhalten haben Forscher der letzten 50 Jahre besonders den Vergleich mit Tieren gesucht. So wurden wir Menschen mit einem Rudel Wölfe, einer Horde Affen und sogar Gorillas verglichen. Körpergröße, Auftreten, Ausstrahlung und andere Faktoren spielten bei den Analysen der Forscher eine Rolle. Verhalten wir Menschen uns hier wirklich so viel anders als die Tiere oder nutzen wir unsere Ellbogen doch auf ähnliche Art und Weise?

Tatsächlich ist der Mensch nicht ganz anders in seinem Verhalten. Unser Ellbogen kann uns größer aussehen lassen, als wir sind, und ähnlich wie im Tierreich unsere Dominanz zum Ausdruck bringen. »Ich bin empört!«, ruft der Mann und stemmt seine Hände in die Seite und lässt seine Ellbogen herausfahren. Ein klares Zeichen, um seine Autorität und Dominanz zu unterstreichen. Dabei sollten die Ellbogen niemals alleine für sich genommen werden. Makroexpressionen und Mikroexpressionen des Gesichts zeigen Ihnen darüber hinaus, ob der Mensch Ablehnung empfindet oder einfach nur dominant auftreten will. Beschuldigte reagieren oft mit dem Ellbogen und plustern sich auf, nach dem Motto »Wie können Sie es wagen, mich zu beschuldigen?« Tatsächlich aber können wir auch am Ellbogen Täuschungen erkennen. Ist der Gesichtsausdruck mit dem Makroausdruck der Ellbogen nicht kongruent, lügt die Person und spielt Ihnen etwas vor. Ähnlich ist es, wenn Ihr Kunde die Hand auf den Tisch knallt und sich empört über den Preis gibt. Kommt die Bewegung des Kunden in diesem Fall allerdings erst geschätzte 1,5 Sekunden nachdem der Mikroausdruck des Gesichts Freude zeigte, ist der Ausdruck damit nicht kongruent, und der Kunde freut sich tatsächlich über das schmackhafte Angebot und versucht, es künstlich weiter zu drücken. Auch hier handelt es sich um eine Lüge in Form einer Täuschung.

Falten Sie einmal beide Hände hinter Ihrem Kopf zusammen und lehnen Sie sich zurück. Was zeigt dabei nach außen? Richtig, Ihre Ellbogen. Eine typische Position, die unsere Dominanz und Gelassenheit zeigt. Der Mensch denkt: »Alles gut! Ich bin da und kann alles regeln.« Dabei kann diese Position auch für die Entspannung des Körpers stehen, da sich der Körper durch die offene Haltung öffnet und angreifbar macht. Sie können diese Position zum Beispiel auf den Liegestühlen im Urlaub erkennen. Die rotgebrannten Körper liegen in der Sonne und präsentieren sich. Die Arme liegen gemütlich hinter dem Kopf. Die Ellbogen zeigen nach außen und präsentieren die Gelassenheit und Entspanntheit des Körpers. In diesem Fall ist diese Bewegung völlig angebracht. Sie aber in einem Bewerbungsgespräch oder gar in einem Interview zu verwenden, ist keine gute Idee. Die Gelassenheit mag arrogant wirken und als Überheblichkeit gefiltert werden. Achten Sie vor allem im Geschäftsleben auf die Positionen der Ellbogen Ihrer Mitmenschen. Sie können ganz einfach erkennen, wer das Sagen hat, ohne jemals einen direkten Blick hinter die Kulissen oder in die Hierarchie des Unternehmens bekommen zu haben. Wer beansprucht die Macht, und wer will auch etwas zu sagen haben? Die Ellenbogen verraten es Ihnen.

Torso

Selbst unser Bauch und Torso verraten etwas über unser Leben und ob wir lügen. Ich meine damit nicht, dass Sie an der Dehnung des Bauches erkennen können, ob wir die Schokolade gegessen haben oder sie verschont wurde. Ich meine vielmehr das Verhalten der Atmung. Sie können am Torso des Menschen erkennen, ob dieser tief, flach, schnell oder langsam atmet. Beschleunigt sich die Atmung, dann meist, weil uns im wahrsten Sinne des Wortes die Luft wegbleibt. Bei Anspannung, Stress oder Angst ist dies oft der Fall. Auch Lust oder Begierde kann dafür ein Grund sein. Da wir bereits erkannt haben, dass ein Lügner besonders starken Stress empfindet, wenn er lügt, und sein disharmonisches Verhalten dadurch deutlich wird, ergibt es Sinn, zusätzlich den Bauch beziehungsweise Torso des Körpers nicht aus den Augen zu lassen. Das tiefe einatmen in den Bauch ist oft ein Zeichen für den Druckausgleich von Stress oder Angst. Das limbische System des Gehirns sagt dem Körper, dass womöglich eine Flucht- oder Kampfsituation ansteht und der Körper dafür den Sauerstoffgehalt erhöhen soll. Allgemein versucht der Körper die Disharmonie auszugleichen und sie durch einen kräftigen Luftstoß loszuwerden. Atmet der Mensch hingegen langsam, kann dies ein Zeichen für Traurigkeit, Scham oder Gelassenheit sein. Der Körper befindet sich in einer ausgeglichenen Phase und empfindet wenig bis keinen Stress. Bei dem Gefühl von Trauer aber, wo der Körper ein hohes Maß an Stress empfindet, versucht er durch wenige, meist stotternde Atemzüge den Stress auszugleichen. Sie kennen das bestimmt, wenn jemand weint und dabei nicht richtig ausatmet, sondern stattdessen stotternd die Luft loswird.

Der Brustkorb ist ein weiterer Teil des Torsos, den Sie nicht außer Acht lassen sollten. Ich spreche hier vom Verhalten des Brustkorbes während eines Gespräches. Das Herausstrecken der Brust ist selbst im Tierreich ein klares Zeichen für dominantes Verhalten. Wenn Sie im Fitnessstudio sind und sehen, wie dort die Jungs ihre Brust aufbauen, kann einem manchmal leicht der Gedanke kommen, man sei im Zoo. Tatsächlich sind Gorillas hier nicht anders. Sie klopfen sich auf die Brust, wenn sie ihren Stolz und ihre Dominanz zeigen. Vor Prügeleien können Sie ein ähnliches Verhalten erkennen. Männer pumpen und plustern sich auf, um ihrem Gegner zu zeigen, dass sie das Sagen haben. Vor Boxkämpfen sieht man dies ebenfalls. Der Boxer pumpt seine Brust auf und verkündet, dass es an diesem Abend ein mächtiges K. o. geben wird. Lügner tun dies ebenso. Vor allem Männer, die zeigen wollen, dass niemand ihre Lüge enttarnen kann, weil sie schließlich der harte Mann im Raum sind. Am Ende ist es nichts weiter als heiße Luft, und die Lügen desjenigen platzen wie ein Luftballon. In diesem Zusammenhang passiert es manchmal, dass Menschen, vor allem Männer, sich ihrer Kleidung entledigen, um ihre Brust noch deutlicher hervorzuheben. Dazu gehört das Entfernen des Jacketts oder sogar des Hemdes, um den nackten Oberkörper zu präsentieren. Doch auch in der Damenwelt will der Oberkörper, speziell der Brustbereich, gekonnt eingesetzt werden. Raten Sie einmal, warum Push-up-BHs erfunden wurden?

Allgemein gilt, dass wir Homo sapiens sind und uns damit nicht allzu weit vom Tierreich entfernen, wenn es um unsere Körpersprache geht. Tatsächlich findet man in diversen Etablissements wie Fitnessstudios, Clubs, Diskotheken oder Bars allerlei »Primaten«. Für das Erkennen von Lügen gilt in diesem Fall die folgende Regel: Wenn Dominanz durch die Körpersprache vermittelt wird, und dies obendrein noch sehr plötzlich, ist dies ein Zeichen dafür, dass man Ihnen sagen will, dass jemand stärker ist als Sie, Sie womöglich nicht ernst genommen oder respektiert werden und dass man Ihnen gar nichts sagen wird. Doch vergessen Sie niemals: Wahre Dominanz ist immer ruhig. Sie ist nie laut. Sie ist einfach da und wirkt. So ist die vermeintliche Dominanz meist gespielt, und der harte Kerl ist nichts weiter als ein Schauspieler, der sich selbst zur Schau stellen will.

In Florenz gibt es einmal im Jahr das Event *Pitti Immagine Uomo*. Menschen aus der ganzen Welt kommen zu dieser Männermodenmesse und bestaunen die Männer, welche für ein bestimmtes Outfit, bestehend aus grellen Farben und einer Kombination aus Jackett und Stoffhose, ein ganzes Jahr lang sparten, um darin an diesem einen Tag in Florenz herumzustolzieren und vielleicht von Fotografen entdeckt zu werden. Diese Männer erhielten sogar einen eigenen Namen und wurden bekannt als Pitti Peacocks. Wahrhaftig: der stolzierende Pfau – oder der Mann, der sich in Szene setzt. Oft ist das, was wir sehen, ein absolutes Schauspiel. Doch die Körpersprache verrät immer, was der Mensch wirklich ist und nicht nur vorgibt zu sein.

Während das dominante Verhalten durch den geöffneten Torso angezeigt wird, gibt es genauso auch die geschlossenen Symbole des Oberkörpers. Achten Sie bei der Analyse des Torsos zum Beispiel darauf, ob man versucht, diesen zu schützen. Unsere Arme richten wir oft vor den Brustkorb oder Bauch, um diesen zu schützen oder zu verbergen. So ziehen Menschen oft den Bauch ein und legen die Hand schützend davor, um das Bäuchlein zu verstecken. Sie verschließen die Arme unterhalb des Brustkorbs, um die Ablehnung und Verteidigungsbereitschaft zu signalisieren. Die Arme dienen nicht nur als Schutz, sondern auch als Barriere zwischen Ihren Gedanken und dem des Gesprächspartners. Man distanziert sich von dem, was Sie gesagt haben.

Wenn Ihnen jemand so begegnet, gilt es erst einmal die Haltung der Person durch gezielte Beeinflussung zu verändern, bevor der Mensch sich Ihnen wieder öffnet und Ihnen die Wahrheit sagen kann. Auch hier gilt das Prinzip: Sie müssen dem Menschen die Möglichkeit geben, Ihnen die Wahrheit zu sagen, diese aber nicht aus ihm herauspressen.

Ähnlich wie die Füße eines Menschen zeigt auch der Torso in die Richtung, in welcher der Mensch seine Aufmerksamkeit fließen lässt. Der Fokus bestimmt die Richtung. Kennen Sie die Situation, wenn Sie vielleicht mit Ihren Liebsten streiten und diese sich während des Streits von Ihnen wegbewegen? Sie zeigen Ihnen tatsächlich »die kalte Schulter«. Diese Redewendung kommt dem Ausdruck der Körpersprache mehr als nahe. Der Torso bewegt sich von Ihnen weg, weil man vielleicht gekränkt oder verärgert ist. Definitiv aber fließt die Konzentration von Ihnen fort. In Bewerbungsgesprächen, bei Dates, im Restaurant, in Meetings oder Verkaufsgesprächen können Sie erkennen, wenn Ihnen jemand seine Aufmerksamkeit schenkt oder dies nicht tut. Wenn an einem Meeting beispielsweise mehrere Menschen teilnehmen und zwei von diesen ihren Oberkörper nicht in Ihre Richtung bewegen, während Sie sprechen, ist man nicht zu 100 Prozent bei Ihnen. Auch die Positionierung auf der gegenüberliegenden Seite vom Tisch beim ersten Date ist nicht ganz ungewollt.

Interessant ist ebenfalls zu beobachten, welche Beugung der Torso einnimmt. Ist der Oberkörper nach vorne oder nach hinten gelehnt? Die Ablehnung oder Distanzierung ist durch den Oberkörper klar erkennbar. Jemand, der sich nach vorne beugt, kommt Ihnen näher und signalisiert damit, dass er daran interessiert ist zuzuhören und sich auf Sie konzentrieren wird.

Die Schultern, welche ich einfachheitshalber zum Torso dazu zähle, sind ein weiterer Bereich, welcher zum dritten Quadranten gehört und Ihnen zeigt, was Worte nicht preisgeben wollen. Wenn wir unsere Schultern schnell heben, zeigen wir, dass wir unwissend sind und keine Antwort auf die Frage haben. Die anhaltend hochgezogenen Schultern sind hingegen jedoch ein Zeichen für Unwohlsein und womöglich sogar Abwehrverhalten. Die hochgezogenen Schultern sollen den verwundbaren Hals schützen. Richtig spannend aber wird es erst, wenn nur eine Seite der Schultern kurz zuckt. Das einseitige Schulterzucken gilt als Ausdruck der Täuschung und der Disharmonie, und tatsächlich ist dieser Mikroausdruck des Torsos dann zu beobachten, wenn der Mensch disharmonisch auf das Gesprochene reagiert. Er glaubt selbst kein Wort von dem, was er redet.

Ich habe einmal erlebt, dass ein junger Unternehmer, der in einer Vorstellungsrunde vor Investoren, in welcher ich ebenfalls sitzen durfte, seine Geschäftsidee präsentierte und mehrfach während seines Vortrags einseitig mit der Schulter zuckte. Besonders auffällig wurden diese Mikroausdrücke, als der junge Mann zu der *Due Diligence* kam und über seine Geschäftszahlen sprach. Ich schaute genau hin, um zu erkennen, ob er einfach nur nervös war oder tatsächlich log. In jenem Fall war seine Körpersprache ein eindeutiges Zeichen dafür, dass er seinen eigenen Worten nicht glaubte. Vertriebskennzahlen, Prozessdaten und Deadlines entsprachen nicht wirklich der Wahrheit. Einige Monate später hörte ich, dass er immer noch keinen Investor für seine Idee gefunden hatte. Auch andere Investoren hatten ihm wohl nicht geglaubt. Hätte er sich ausbilden lassen, Menschen zu beeinflussen und zu überzeugen, wäre er womöglich schneller zum Erfolg gekommen.

Kopf und Gesicht

Der vierte Quadrant ist der Quadrant, welcher uns mit Abstand die meisten Informationen über das Befinden des Menschen verrät, wenn man denn die Kombinationen aller ersten drei Quadranten vernachlässigt.

Während immer wieder gerne versucht wird, die Wahrheit aus den Gesichtern der Menschen zu lesen, so wollen wir uns Stück für Stück an das Mysterium Gesicht heranwagen und damit beginnen, die Position des Kopfes in Bezug zu setzen. In Gesprächen aller Art können wir tatsächlich erkennen, ob die Aufmerksamkeit, welche uns entgegengebracht wird, herzlich und offen oder gelogen und erfunden ist. Als Daumenregel gilt: Wer den Kopf zur Seite neigt, der hört wahrhaftig zu. Denn, wer den Kopf neigt, öffnet damit die verwundbare Seite zur Halsschlagader und gibt damit preis, dass er Ihnen zuhört und bei Ihnen ist. Ihr Gesprächspartner öffnet seine verwundbare Seite und zeigt Ihnen, dass er Ihnen vertraut und Ihnen zuhört. Eine ähnliche Bewegung ist das Zurücklegen der Haarpracht hinter das Ohr, wie es manchmal bei Frauen der Fall ist. Das Ohr wird freigelegt, um Ihren Worten besser zu lauschen. Auch beim Flirten kann man diese Bewegung sehen. Während die bekannte »Ich-mach-mich-schön-Bewegung« besonders oft beim Flirten zwischen zwei Menschen erkennbar ist, zeigen Frauen diesen Ausdruck, um ihren Hals freizulegen, ihre Haarpracht zu zeigen und deutlich darauf aufmerksam zu machen, dass sie bereit sind, sich dem Menschen auch auf romantische Art und Weise zu öffnen.

Achten Sie auf die Positionierung des Kopfes und Halses. Dabei betrachten wir das Seitenprofil, um genauer zu erkennen, was der Körper verrät. Das verräterische Neigen des Kopfes zeigt Ihnen, dass jemand sich wörtlich vor Ihnen verneigt. In diesem Fall war es der Kopf, dessen Position Ihnen ein Gefühl von Verlegenheit zeigte. Doch auch hier muss die Position oder Neigung des Kopfes in Bezug zum Gesichtsausdruck gesehen werden. So ist auch die gegenteilige Positionierung des Kopfes mit dem Hervorstrecken des Kinns ein klares Symbol für Dominanz, Überheblichkeit oder Geringschätzung.

Warum aber? Wenn der Kopf sich neigt und die Augen sich auf Sie richten, erscheinen Sie größer, und Sie erhalten einen unterwürfigen Eindruck. Schiebt sich das Kinn nach vorne, schauen die Augen Sie von oben herab an und machen Sie selbst dadurch klein. Ein klares Zeichen dafür, dass man klarstellen möchte, über Ihnen zu stehen. Auch mehrfache Bewegungen wie das Kopfschütteln zeigen an, was wir denken oder fühlen. Während in der westlichen Kultur das Kopfschütteln als Verneinung interpretiert wird, wird es beispielsweise in anderen asiatischen Ländern als Bejahung verwendet. Ich habe einmal während eines Gesprächs gesehen, dass bei der Frage: »Ist das Angebot so akzeptabel für Sie?« die Person die Antwort zwar mit den Worten verneinte, aber mit dem Kopf die Frage bejahte. Worte lügen, der Körper tut es nicht. Der Körper widerspricht dem Gesagten und zeigte auch in diesem Fall durch die Disharmonie die Lüge auf. Achten Sie daher immer auf die Positionierung des Kopfes.

Gesichtsausdrücke und Mikroexpression

Unser Gesicht hat 34 verschiedene Muskeln, welche tausende Kombinationen für die verschiedensten Gesichtsausdrücke ergeben. Dabei ist es nahezu unmöglich, alle diese Gesichtsausdrücke zu erkennen. Um nicht den Rahmen dieses Buches zu sprengen, können auch wir hier nicht auf alle diese Ausdrücke eingehen und fokussieren uns hauptsächlich darauf, welche Ausdrücke uns zeigen, ob jemand lügt. Schließlich ist die Enttarnung der Täuschung unser gemeinsames Ziel. Machen wir daher einen kurzen Rückblick und setzen die bisherigen Puzzleteile zusammen, bevor wir weiter im Thema voranschreiten.

Auf den vorherigen Seiten haben wir bereits festgestellt, dass Angst, Trauer und Freude maßgebliche Emotionen sind, welche der Mensch empfinden kann, wenn er lügt. Diese spiegeln sich selbstverständlich auch im Gesicht des Menschen wider. Hier sogar mehr als nur deutlich. Ebenfalls haben wir bisher gelernt, dass es nach Ekman sieben Grundemotionen gibt, die bei allen Menschen universell sind. Diese vermeintlich unabhängigen Bausteine setzen wir nun zusammen und erkennen, dass wir bei der Lüge drei dieser sieben Grundemotionen tatsächlich im Überfluss erkennen können. Im nächsten Schritt spezifizieren wir dann diese drei Emotionen. So kann das Gefühl von Freude auch in Form von Zufriedenheit, Begeisterung oder Befriedigung auftreten. Wenn Sie Lügen anhand von Gesichtsausdrücken (Mimik) erkennen wollen, müssen Sie genau herausarbeiten, um welchen Ausdruck es sich im jeweiligen Fall handelt.

Freude

Der Gesichtsausdruck von Freude ist für uns Menschen der am leichtesten zu identifizierende Ausdruck. Die Lippen spreizen sich, und die Mundwinkel ziehen sich nach außen. Dabei entstehen kleine Falten direkt neben den Augen. Bei wahrer Freude lachen die Augen mit. So kann es aber auch sein, dass ein Lächeln unecht wirkt. Man spricht in diesem Kontext daher auch von dem sogenannten *Fake Smile* oder *sozialen Lächeln*. Dieses Lächeln begegnet Ihnen fast jeden Tag. Auf der Arbeit, in der Schule oder beim Einkaufen. Einfach überall ist das falsche Lächeln zu sehen. Sie kommen ins Büro, und Ihr Kollege begrüßt Sie mit einem falschen Lächeln. Natürlich! Wie auch sonst? Wahre Freude, dass Sie auch heute wieder da sind, empfindet er nicht. Er will aber auch nicht unhöflich wirken, also setzt er ein Lächeln auf. Dass die Freude aber nicht echt empfunden ist, erkennen wir an den Augen. Bei echt empfundener Freude lachen die Augen immer mit. Oft werden dabei die Zähne gezeigt. Dies ist allerdings keine Daumenregel.

Echtes Lächeln   Falsches Lächeln

Während die Freude markant durch die beidseitige Erhebung der Mundwinkel zu erkennen ist, gibt es jene Emotion, die nur durch eine einseitige Erhebung dargestellt wird und dennoch zur Kategorie der Freude zählt. Zufriedenheit wird meist durch das einseitige Lächeln gezeigt. In vielen Fällen passiert dies, wenn das Gefühl versteckt werden soll. Man spricht im Fachjargon dann auch von der *versteckten Freude*. Die Preisverhandlung ist dafür mein Lieblingsbeispiel. Der Kunde empört sich noch über den Preis, während seine Mimik bereits für einen Bruchteil einer Sekunde zeigt, dass er mit dem angegebenen Preis zufrieden ist. Kurz zuckt im Gesicht ein Muskel auf. Für Amateure ist hier nichts zu erkennen. Der trainierte Leser von Gesichtsausdrücken aber erkennt die Mikroexpression, jenen Gesichtsausdruck, der nur für 1/5 einer Sekunde auf dem Gesicht zu erkennen ist. Er sieht die Zufriedenheit und wird daraufhin einen Teufel tun und weiter mit dem Preis heruntergehen.

Für die meisten Menschen sind Mikroausdrücke nicht erkennbar oder nur ein kurzes Zucken eines Muskels. Tatsächlich braucht es

Übung, um diese zu erkennen. Makroausdrücke, die größer sind und länger auffällig, sind hingegen wesentlich leichter zu erkennen. Achten Sie daher in Gesprächen darauf, wie jemand auf Ihre Antworten reagiert. Der Lügner zeigt keine Zufriedenheit während der Lüge, sondern vielmehr einen kurzen Moment, nachdem er gelogen hat. Er schaut Sie an, will sichergehen, dass Sie ihm seine Lüge auch abkaufen und zeigt einen Ausdruck von Freude, wenn er merkt, dass Sie zustimmend nicken.

Stolz ist eine andere Form der Freude. Viele Lügner sind sogar stolz darauf, dass sie gelogen haben. Freude und Stolz zeigen sich in ähnlichen Gesichtsausdrücken. Frank Abagnale Jr. war einer dieser Lügner, der Stolz über jede seiner Gaunereien und Schwindel empfand. Er war ein Hochstapler, der sich jahrelang als Pilot der damaligen Fluglinie PanAm, als Rechtsanwalt und sogar als Arzt ausgab. Er betrog Unternehmen und Privatpersonen und brachte sie um Millionen. Jedes Mal, wenn er sich neu erfand, log er, dass sich die Balken bogen. Scham, Trauer oder Angst empfand er nicht. Er freute sich immer wieder über die gelungene Täuschung. Seine amüsante Geschichte wurde daher auch prompt in dem Film Catch Me If You Can verfilmt.[37]

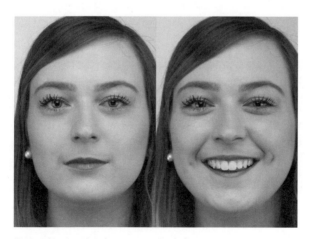

Neutraler Ausdruck   Freude

Ärger

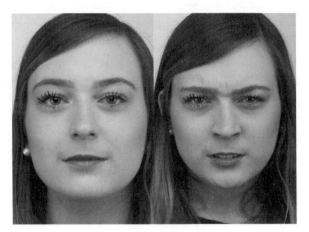

Neutraler Ausdruck   Ärger

Ärger gehört ebenfalls zu jenen Ausdrücken, die für uns Menschen intuitiv leicht zu erkennen sind. Die Nasenflügel drücken sich nach außen, und kleine Falten bilden sich zwischen den Augen, während die Nase für einen kurzen Moment hochgezogen wird. Gefühle wie Hass, Frust oder Zorn gehören zum Ausdruck von Ärger.

Während gelogen wird, können Sie diesen Ausdruck nicht erkennen. Einen Bruchteil einer Sekunde nach der Lüge jedoch ist der Ärger zu erkennen, wenn der Lügner bemerkt hat, dass Sie ihm seine Lüge nicht abkaufen und vielleicht sogar an seiner Ehrlichkeit zweifeln. Allgemein zeigt der Körper das Gefühl von Ärger und Zorn, wenn ihm etwas widerspricht oder ihm nicht passt. Doch meist ist der Ausdruck von Ärger ein Abbild der Wahrheit. Warum? Der Körper will den Stress und die damit verbundene Disharmonie loswerden. So kommt es, dass auch Menschen Ärger empfinden, wenn sie die Wahrheit sagen, und sie denken, dass man ihnen nicht glaubt und sie möglicherweise zu Unrecht bestraft werden könnten.

Kennen Sie jene Menschen, die immer übertreiben und die Welt schlimmer darstellen, als sie ist? Jene Menschen, die scheinbar immer

Pech haben und sich über ihr Leben beklagen? Lügen diese Menschen? Von einer Lüge können wir hier nicht sprechen, da sie lediglich ihren Ärger und Zorn der ganzen Welt zeigen wollen und an Aufmerksamkeit gewinnen möchten. Dafür müssen sie nicht einmal lügen. Ihr Leben ist ja schon ohne Lüge schlimm genug. Geschichten werden dann zwar aufgebauscht und mit der gewissen Dramatik ausgerüstet, aber es wird tatsächlich nicht glashart gelogen. Deshalb sollte man Vorsicht walten lassen, wenn man Ärger erkennt. Es gilt den Grund für den Zorn oder Ärger zu finden, bevor Sie darauf kommen, Schuldzuweisungen zu verteilen. Ist der Ärger echt oder nur gespielt?

Ärger kann viele Facetten haben. Ärger kann den Zorn, die Wut, aber auch den Hass einer Person darstellen. Doch werden diese Emotionen nur in jenen Momenten sichtbar, wenn wir sie empfinden. So zeigte der Terrorist Mohammed Atta, der eines der Flugzeuge am 11. September 2001 in einen der Türme des World Trade Center flog, auf den Überwachungsbildern keinen Zorn, Hass oder Wut. Im Gegenteil sogar. All jene Gefühle werden, wie alle Mikroausdrücke, erst in dem Moment sichtbar, wenn wir sie empfinden. Womöglich empfand er Erleichterung oder Stolz in den letzten Momenten seines Lebens. Allgemein empfundener Hass auf ein Land, eine politische Gesinnung oder Ähnliches ist daher nicht direkt erkennbar, auch wenn einige Experten immer noch darauf hoffen.

Vergessen Sie nicht: Der Mikroausdruck ist die wahre empfundene Emotion und daher auch nur kurz sichtbar. Keiner kann sich vor dem trainierten Blick davonstehlen, der erkennt, was der Mensch wirklich fühlt.

Ekel

Es scheint uns Menschen instinktiv leichter zu fallen, negative Emotionen deutlicher zu erkennen. Ekel ist eine weitere dieser Emotionen, die wir von Natur aus besser erkennen. Im Gegensatz zum Ausdruck von Zorn bewegt sich die Oberlippe einseitig, manchmal beidseitig mit nach oben, während die Nasenflügel weit geöffnet werden. Die Augenlider sind fallend und bekunden den Ekel über das Gesehene oder Gesprochene. Ekel, Abscheu und Verachtung sind daher sehr ähnlich und deutlich an diesen Merkmalen zu erkennen. Tatsächlich ist die Emotion Ekel meist viel kräftiger in der langfristigen Wirkung. Sauer sein kann schließlich jeder einmal.

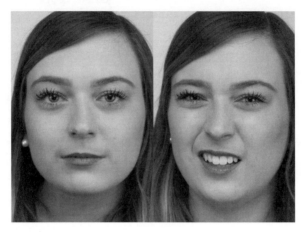

Neutraler Ausdruck   Ekel

Wahrhaftig empfundener Ekel aber hält eine Weile an. So können wir uns schon fast emotionslos nach einer Weile an einen Streit erinnern, als ob dieser schon Jahre her sei. Wir haben ihn längst verarbeitet, aber den Ekel, den wir empfanden, an den erinnern wir uns noch Monate später. So gilt es auch, dass bei romantischen Beziehungen Streit oft mit Ärger einhergeht. Wenn der Partner jedoch Ekel empfindet, steht die Beziehung meist kurz vor dem aus. Bei Geschäftsbeziehungen ist dies nicht anders.

Verachtung

Verachtung hingegen wird empfunden, wenn das Handeln einer Person als moralisch verwerflich oder die Arbeitsleistung beispielsweise als ungenügend betrachtet wird. Die eigene Überlegenheit kann durch diesen Mikroausdruck der Verachtung gezeigt werden. Mimisch stellt sich eine verächtliche Expression durch die Bewegung am Mund dar. Wird die Mimik vollständig ausgeführt, wird lediglich ein Mundwinkel nach innen gepresst. Diese halbseitige Bewegung stellt auch die Besonderheit der Emotion von Verachtung dar. Daher wirkt sie von Grund auf sehr subtil und wird mit einem ungeübten Auge schnell als unterdrücktes Schmunzeln interpretiert. Einige mögen darin sogar Zufriedenheit sehen. Achten Sie deshalb besonders auf die Augen. Wenn diese sich nicht verändern oder gelangweilt wirken, empfindet die Person auch keine Freude, wie es bei einem echten Schmunzeln der Fall wäre. Zufriedenheit gehört zur Kategorie der Freude und nicht der Verachtung. Die Augen verraten sie.

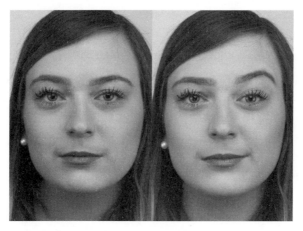

Neutraler Ausdruck   Verachtung

Freude wird tatsächlich anhand der Augen erkannt und nicht wie oft behauptet an den Lippen eines Menschen. Die Verachtung hingegen ist klar zu erkennen, wenn die halbseitige Bewegung der Lippen zu beobachten ist. Achten Sie darauf, ob jemand Ihnen ernsthaft entgegenlächelt, Ihnen vielleicht mit einem falschen Lächeln begegnet oder Ihnen gegenüber sogar Verachtung zeigt. Sie erkennen den Ausdruck immer im Gesicht des Menschen.

Trauer

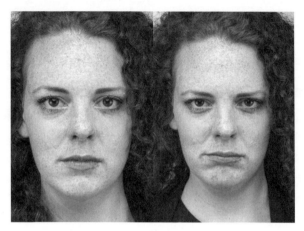

Neutraler Ausdruck   Trauer

Traurigkeit ist ein weiteres Merkmal der Lüge. Der Ausdruck von Traurigkeit ist markant und gut sichtbar. Es scheint, als würden alle Muskeln im Gesicht fallen. Die Augenbrauen, der Kiefer, die Mundwinkel und die Augenlider fallen nach unten. Wenn der Mensch Schuld empfindet, ist der Mikroausdruck von Trauer auf dem Gesicht desjenigen lesbar. Doch auch hier gilt, dass nicht jeder Mensch das gleiche Schuldbewusstsein hat. Während Psychopathen gar keine Schuld empfinden können, ist das Moralbewusstsein auch bei Menschen, die keine Psychopathen sind, mal mehr und mal weniger stark ausgeprägt. Die Schuld kann daher nur den Menschen ins Gesicht geschrieben stehen, welche die Schuld auch wirklich empfinden können.

Schuld, Scham oder Traurigkeit sind dann besonders gut erkennbar, wenn der Blick in die linke oder rechte untere Ecke fällt. Der Mensch schaut nach unten, will nicht angesehen werden, da er fürchtet, dass seine Schuld aufgedeckt wird und er bloßgestellt werden könnte. Da Traurigkeit ein hohes Maß an Distress im Körper verursacht, können wir Ausdrücke von Trauer besonders effektiv, meist auch ohne Training, erkennen.

Überraschung

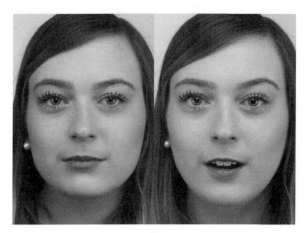

Neutraler Ausdruck   Überraschung

Die weit aufgerissenen Augen, die damit steigenden Augenbrauen und meist sogar ein geöffneter Mund sind markante Zeichen für das Gefühl der Überraschung. Wir zeigen diesen Ausdruck, wenn wir mit einer Nachricht absolut nicht gerechnet haben. Wenn uns vermeintliche Beweise vorgelegt werden, dass wir gelogen haben, zeigen wir den Ausdruck von Überraschung. Auch wenn wir uns erschrecken, ist der Ausdruck von Überraschung präsent. So kann uns die Überraschung zwar nicht verraten, ob gelogen oder die Wahrheit gesprochen wurde, aber sie kann uns zeigen, ob wir auf der richtigen Spur sind und unsere Fragetechniken anpassen müssen. Die Interview-Technik *Heiß und Kalt*, die Sie im späteren Kapitel erlernen werden, bedient sich oft des Ausdrucks der Überraschung. Eine unerwartete Frage des Interviewers kann oft zur Überraschung führen und sogar den Stresslevel erhöhen. Der Blutdruck und die Herzfrequenz steigen für einen kurzen Moment, und Körper und Geist erschrecken über die gestellte Frage. Die Überraschung zeigt uns zwar nicht, ob gelogen wurde, aber dass unsere Fragen womöglich in die richtige Richtung gehen.

Furcht

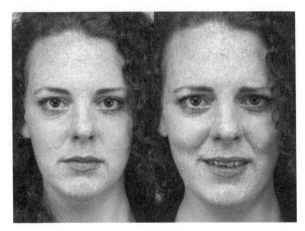

Neutraler Ausdruck   Furcht

Der Ausdruck von Furcht kann ein hervorragendes Indiz für eine Lüge und Täuschung sein. Lügner fürchten, dass ihre Lüge enttarnt werden könnte. Auch jene, die die Wahrheit sprechen, fürchten, dass man sie zu Unrecht beschuldigt und möglicherweise für etwas bestrafen könnte, was sie nicht begangen haben. Angst ist als Mikroexpression gut daran zu erkennen, dass es scheint, als seien alle Muskeln im Gesicht angespannt. Man beißt die Zähne zusammen und die Augenlider fallen. Die Augenbrauen gehen hoch, während die Mundwinkel sich nach außen drücken. Angst ist ein Auslöser von hohem Stress auf den Körper und führt zwangsläufig dazu, dass der Körper sich disharmonisch verhält, was es wiederum einfacher für uns macht, einen Menschen der Lüge zu überführen. Ergründen Sie in einem Gespräch die Ursache der Angst. Möchte Ihr Gesprächspartner Sie täuschen, oder möchte er sein Gesicht nicht verlieren?

Die Augen – das Tor zur Seele

Die Augen des Menschen werden oft als das Tor zur Seele beschrieben, und in der Tat können wir durch die Augen eines Menschen das eine oder andere lesen. In den Augen eines Menschen spiegelt sich die Emotion, welche im Gesichtsausdruck gut erkennbar ist, wider. Die Augen fürchten sich, freuen sich und ekeln sich synchron mit. Alles arbeitet in völliger Harmonie. So können wir sogar anhand der Position und Blickrichtung der Augen erkennen, worüber ein Mensch nachdenkt oder woran er sich erinnert.

Auf einer Einweihungsfeier wurde ich einmal von einer Gesprächspartnerin zum Thema Lügenerkennung befragt, und sie wollte wissen, ob ich denn auch Gedanken lesen könne. Da wir hier unter uns sind: Schön wäre es. Da ich aber kein Mentalist oder Magier bin, verneinte ich. Ich gab jedoch an, dass ich einige ihrer Gedanken bestimmt lesen könnte. Jetzt wollte sie es genau wissen. Ich bat sie abwechselnd von einem von drei Ereignissen ihres Lebens zu erzählen. Eines davon sollte eine visuelle Erinnerung, eine ein auditives Erlebnis und das dritte ein Erlebnis voller Gefühle für sie sein. Gesagt, getan. Sie erzählte mir von allen drei Ereignissen. Sie sprach von dem Rundflug in einem Segelflieger ihres Onkels und wie schön das Land von oben aussah. Sie sprach von dem Festival, auf dem sie gewesen war, und wie tausende Menschen zusammen tanzten und feierten. Zu guter Letzt erzählte sie von ihrer ersten großen Liebe, um die kinästhetische Erinnerung hervorzurufen. Ihr Freund, der neben ihr stand, fand Letzteres übrigens nicht so lustig. Sie sollte nun lediglich an eines der drei Ereignisse denken, dabei aber stillschweigen und mir nicht verraten, woran sie dachte. In allen drei Fällen behielt ich recht und erkannte in ihrem Gesicht, woran sie tatsächlich gedacht hatte.

Ich benutzte eine Technik, die wir auch beim Erkennen von Lügen nutzen können. Im neurolinguistischen Programmieren unter Richard Bandler fand man heraus, dass man an der Position der Augen erkennen kann, woran ein Mensch just in dem Moment denkt.[38] So kann jemand anhand der Augen erkennen, ob ein anderer Mensch eine tatsächlich empfundene und erlebte Situation wiedererlebt und diese neu hervorruft oder ob der Mensch lügt und eine Geschichte nur frei erfindet. Dabei wird zwischen den drei Gefühlskategorien

1. Visuell,
2. Kinästhetisch und
3. Auditiv

unterschieden. Es gibt weiterhin noch olfaktorische und gustatorische Ausdrücke, die jedoch nur wenig dem Ziel der Lügenerkennung dienen können. Anhand der Stellung der Augen können die einzelnen Gefühlskategorien erkannt werden. Der Mensch ruft die Erinnerung im Kopf ab. Dabei verhalten sich die Augen in unterschiedlicher Form, abhängig von der Emotion, die damit assoziiert wird.

Visuell erzeugtes Bild

Die visuell abgerufene Erinnerung bewegt die Augen eines Menschen in die obere linke Ecke. Man nennt dies auch ein *visuell erinnertes Bild*. Wandern die Augen in die obere rechte Ecke, sprechen wir von der *visuellen Konstruktion*. Der Mensch hat also nie tatsächlich erlebt, wovon er spricht, sondern stellt sich dies nur vor. Er konstruiert seine nicht erlebte Erinnerung. Wenn Sie jemanden fragen, wie sein Urlaub letztes Jahr war, wird er immer wieder einmal nach links oben schauen, um die Erinnerung wieder hervorzurufen. Überprüfen Sie dies einmal, und beantworten Sie sich die folgende Frage: In welche Richtung verlaufen die Streifen eines Tigers? Haben Sie es gemerkt? Die Augen wandern kurzzeitig ganz instinktiv in ihre Position, wenn Sie das Bild des Tigers visuell hervorrufen. Für einen Moment rufen wir uns das Bild in den Kopf, wie der Tiger aussieht. Ohne das Abrufen des entsprechenden Bildes aber werden die Augen sich nicht mitbewegen.

Wir können diese Technik beim Erkennen von Lügen durch die Physiologie dafür verwenden, um bei der versteckten Befragung herauszufinden, ob der Gesprächspartner auf echte Erlebnisse zurückgreift oder sich nur welche ausdenkt. Lügner denken sich nur zu gerne eine Geschichte aus und müssen immer neue Lügen erfinden, um ihr Lügengerüst aufrechtzuerhalten. Wenn sie erst einmal gelogen haben, brauchen sie relativ schnell eine weitere Lüge, um die erste am Leben zu erhalten. So beginnt der Fall ins Unendliche, und eine Lüge nach der anderen stolpert über die Lippen des Lügners. Wahre Bilder, also empfundene und erlebte Ereignisse, können nicht erlogen werden. Sie sind wahr und tatsächlich passiert. So ruft der Mensch das tatsächlich passierte Ereignis wieder ab, wenn er sich visuell erinnert.

Doch nicht nur visuell erlebte Ereignisse sind erkennbar. Wandern die Augen nach links, als ob Sie zu den Ohren sehen wollen, greift der Mensch auf eine auditive Erinnerung zu. Hier die Frage für Sie: Wie klingt der Refrain im Song *Sound of Silence* von Simon & Garfunkel, oder wie oft ertönen die Glocken bei einer Hochzeit?

Auditiv erzeugtes Bild

Falls Sie sich nun dabei ertappt haben, wie Sie kurz nach dem Refrain von *Sound of Silence* gesucht oder instinktiv losgeträllert haben, bedeutet das, dass Sie versucht haben, auf die Erinnerung zurückzugreifen. Die Augen wandern ganz selbstverständlich für einen kurzen Moment nach links, um die Erinnerung hervorzurufen. Eine auditive Konstruktion jedoch wird abgerufen, während der Blick nach rechts huscht. Genauso wie bei der *visuellen Konstruktion* wird hier *auditiv konstruiert*. Der Mensch hat nie wirklich selbst gehört, wovon er gerade spricht. Er konstruiert das Erlebnis nur und lügt womöglich über das, was er vorgibt, gehört zu haben.

Das Gleiche funktioniert ebenfalls für ein empfundenes Gefühl. In diesem Fall sprechen wir von dem *kinästhetischen Ansatz*. Schauen die Augen für einen kurzen Moment in die untere linke Ecke, ruft das Gehirn eine empfundene Erinnerung wach. Konstruierte und erfundene Gefühle erkennen wir dann, wenn der Mensch in die rechte untere Ecke schaut. Der Ausdruck von Scham ist ein Beispiel dafür.

Kinästhetisch erzeugtes Bild

So können wir anhand der Positionierung der Augen und am Blickwinkel erkennen, woran der Mensch tatsächlich denkt und welche Art der Erinnerung er hervorruft oder ob er sie nur frei erfindet. Die Anwendbarkeit dieser Technik von Richard Bandler wurde jedoch niemals wissenschaftlich und empirisch belegt, was zu Streitigkeiten unter Fachleuten führte.[39] Die Erfahrung jedoch hat gezeigt, dass diese Technik sehr wohl eine passende Anwendung findet und daher von uns genutzt werden kann, um Lügen zu entlarven.

Stellen Sie sich vor, Sie befinden sich in einem Gespräch und bekommen das Gefühl, dass Ihr Gesprächspartner Sie belügt. Ihre Intuition springt Sie förmlich an. In Ihrer Unterhaltung prahlt Ihr Gesprächspartner mit der neuen Beförderung und dass er nun 40 Prozent mehr verdiene als vorher. So richtig können Sie das gar nicht glauben und beschließen einmal genauer nachzufragen. »Das freut mich für dich. Hattest du ein Personalgespräch dafür?«, fragen Sie. Ihr Gesprächspartner nickt bejahend, woraufhin Sie konkreter werden. »Warst du beim Chef persönlich? Wo habt ihr das Gespräch denn geführt?« Sie konstruieren in diesem Fall das Szenario selbst und geben Ihrem Gesprächspartner die Wahl, indem Sie eine offene Frage stellen. Er kann nun frei erfinden, wo das Gespräch stattfand, oder es frei heraus erwidern. Erfindet er es frei heraus, können Sie dies an der *visuellen Konstruktion* erkennen. Achten Sie jedoch darauf, dass die *visuelle Konstruktion* vor der Lüge stattfindet. Der Gedanke für die Lüge muss noch geschaffen werden, bevor man Sie anlügen kann. Ist der Gedanke erst einmal visuell konstruiert worden, kann der Gesprächspartner Sie sehr wohl starr anschauen, ohne dabei die Augen zu bewegen. Während er lügt, will er sehen, ob Sie ihm seine Lüge abkaufen. Vorab aber muss die Lüge dafür erst konstruiert werden. Dies konnte selbstverständlich aber schon vor dem Gespräch getan worden sein. Die Lüge wurde dann also vorbereitet.

Wir gehen jetzt noch einen Schritt weiter. Erinnern Sie sich daran, als ich sagte, dass man Lügnern die Chance geben muss, ein Geständnis zu liefern, um die Lüge selbst zu enttarnen? In der Psychologie war uns dies möglich durch verschiedene Techniken der Sprache und Wortfindung. Oft griffen wir zur Manipulation, um diese Chancen zu erschaffen. Auch im Hinblick auf die Positionierung der Augen nutzen wir eine ähnliche Technik. Diese Technik zielt ebenfalls auf die Fragen hin, welche wir stellen, gehört aber dennoch zur Kategorie der Physiologie, da wir im Anschluss durch die Augen lesen, ob der Mensch gelogen oder die Wahrheit gesagt hat.

In unserem Szenario des Gespräches mit dem Kollegen, welcher zum Personalgespräch kam, um eine Gehaltserhöhung zu erhalten, fragten wir danach, wo und wann das Personalgespräch gewesen sei. Wir fragten, ob der Kollege beim Chef persönlich erscheinen musste. All dies sind visuelle Fragen. Wir schaffen also nicht nur ein Szenario, in dem wir konstruierte oder erlebte Ereignisse abfragen, sondern präzisieren dieses Szenario sogar, indem wir schon vorgeben, dass der Geschäftskollege eine visuelle Erinnerung hervorrufen soll. Alles, was wir dann tun müssen, ist zu erkennen, ob das Bild, das er hervorruft, visuell konstruiert oder visuell erlebt wurde. Wir manipulieren die Situation, indem wir durch die W-Fragen, Adjektive und Verben bereits vorgeben, welche Antwort wir hören wollen. Fragen wir beispielsweise »Wo warst du? Beim Chef persönlich? Ernsthaft? In seinem Büro oder im Meetingraum?«, lässt unsere Frage nur noch visuelle Antworten zu. Fragen wir hingegen »Was hat er denn gesagt? Klang er verärgert?«, so fragen wir gezielt nach einer auditiven Erinnerung. Wir fragen nach dem Gehörten und was gesagt wurde. Schlussendlich können wir auch nach einer kinästhetischen Erinnerung fragen und sehen, ob die Augen sich nach unten richten, um ein Gefühl hervorzurufen. Wir fragen beispielsweise: »Warst du nervös, als du beim Chef warst?«

Unsere Fragen können so schon vorgeben, was wir hören wollen, und das Szenario schaffen, welches wir dann nur noch analysieren und überprüfen müssen. Besonders für den Bereich der Dekodierung, in welchem Sie in einem späteren Kapitel die speziellen Fragetechniken erlernen, um Lügen besser zu durchschauen, ist das Wissen um die Positionierung der Augen ein nützlicher Begleiter, vor allem, wenn Sie diese Technik mit jenen Fragetechniken verknüpfen.

Wir können abschließend sagen, dass durch die Physiologie und das Erkennen ihrer Muster, Symbole, Illustratoren, Zeichen, Embleme und Manipulatoren, wir die Möglichkeit erhalten, einen tieferen Einblick in die Gefühlsebene und Gedanken des Menschen zu erhaschen, um zu erfahren, was er denkt und ob er lügt oder die Wahrheit spricht. Hierbei sind nicht nur die einzelnen Gesichtsausdrücke, ob nun Mikro- oder Makroexpression, zu deuten, sondern auch die Makroexpressionen der übrigen drei Quadranten zu lesen. Diese sind abschließend miteinander in Bezug zu setzen, um ein komplettes Bild davon zu erhalten, was unser Gegenüber denkt und fühlt.

Dekodierung

*»Paradoxon der modernen Zeit:
Die Kommunikationsmittel werden immer besser,
doch die Kommunikation wird immer schlechter!«*

Bertram Jacobi

Bis zu diesem Punkt haben Sie gelernt, Menschen zu analysieren, auf ihre Gefühle einzugehen, sie zu beeinflussen und sie anhand ihrer Physiologie zu lesen. Wie vorab bereits versprochen, möchte ich Ihnen nun das Werkzeug mit an die Hand geben, mit welchem Sie in jedem Gespräch an die Wahrheit gelangen. Das Kapitel der Dekodierung hat das Ziel, vertrauensvolle Gespräche zu ermöglichen, die Kontrolle in Gesprächen zu gewinnen und Lügen zu enttarnen. Das Verb *dekodieren* bedeutet dabei so viel wie entschlüsseln oder entziffern. Doch was ist eigentlich zu entschlüsseln? Wie wäre es mit der Wahrheit? Wir wissen, dass Wahrheit eine biegsame Sache ist und permanent gebogen und verformt wird. Eines ist dabei klar: Wahrheit findet man durch gezielte und kluge Fragetechniken, die darauf abgestimmt sind, was vorab durch die Analyse der Psychologie und Physiologie deutlich wurde. Diese Fragetechniken sollen Sie im Teil der Dekodierung erlernen.

Im Jahr 1940 kam John E. Reid, ein Polizist irischer Abstammung, zum Scientific Crime Detection Laboratory, kurz SCDL. Reid war gerade einmal 30 Jahre alt, als er wechselte. Er war ein bulliger Kerl, der in Studentenzeiten als Verteidiger im Footballteam der DePaul University gespielt hatte. Wer schon einmal einen US-amerikanischen Defense-Spieler gesehen hat, weiß, wie solche Giganten aussehen. Zu jener Zeit waren Gewalt und körperliche Drohungen alltäglich für die Polizei. Doch Reid lag an dieser Art nichts. Im Gegenteil sogar. Reid, der einen Bachelor in Jura hatte und sich brennend für kriminologische Arbeit interessierte, war der festen Überzeugung, dass man die besten Geständnisse durch kluge Verhörtechniken und Fragetechniken bekommen könnte.[40] Er beherrschte das, was wir heute Dekodierung nennen. Man könnte Reid sogar als den Gründervater der Dekodierung betiteln. Reid spezialisierte sich auf den Lügendetektor und stellte dazu auch selbst Experimente an. Unter anderem entwickelte Reid die Vergleichsfrage, eine der wichtigsten Fragetechniken bei der Arbeit mit Lügnern oder Kriminellen, die sich der Täuschung bedienen. Diese Vergleichsfrage werden Sie auch erlernen, auch wenn Sie nicht direkt mit Kriminellen zusammenarbeiten.

Einer von Reids engsten Mitarbeitern und Vertrauten erinnert sich an Reids Umgang mit Befragten während eines Verhöres: »Es war fast wie bei einem Priester. Er hielt deine Hand und sagte: ›Du solltest dir das wirklich von der Seele reden.‹ « Reid hatte dazu beigetragen, knapp 300 Mordfälle zu lösen und über 5000 Dieben Geständnisse zu entlocken.[41]

Wenn Menschen dazu gebracht werden sollen, die Wahrheit zu sagen, treten laut Reid stets wiederkehrende Verhaltensmuster auf. »Es ist fast so, als ob jeder Verbrecher das gleiche Buch darüber gelesen hat, was man tun und sagen muss, um sich zu verraten«, sagte Reid einst. Reid begann daher eine bestimmte Fragemethode zu entwickeln, die später als die *Reid-Technik* bekannt wurde.[42] Wir müssen natürlich diese Reid-Technik für unseren Einsatz anpassen und leicht abwandeln. Da vermutlich die wenigsten meiner Leser Verhörspezialisten sind, passen wir die Reid-Technik für das berufliche Umfeld an. Diese Techniken sind selbstverständlich in abgewandelter Form auch in Ihrem Privatleben anwendbar.

Die Reid-Technik

Die Reid-Technik besteht aus insgesamt vier Phasen. Die erste Phase beinhaltet ein Interview, mit dessen Hilfe man beobachten kann, ob der

Verhörte Anzeichen für eine Lüge zeigt. Wie diese Anzeichen aussehen, haben Sie ja bereits vorab in den letzten Kapiteln gelernt. Darüber hinaus erhalten Sie von mir im letzten Kapitel einige weitere Informationen zum Thema Interviewführung. Geht man während des Gespräches nun davon aus, dass der Gesprächspartner tatsächlich lügt, folgen drei weitere Phasen. Nun wird der Stresslevel erhöht, und man erklärt dem Beschuldigten, dass man alle nötigen Beweise in den Händen halte. Dann folgt die zweite Phase. Die zweite Phase bezeichnet man auch als *Maximierung*. Einfach nach dem Motto: »Wir wissen es, und für dich gibt es kein Entrinnen«. Daraufhin beginnt die dritte Phase, in welcher dem Beschuldigten Verständnis vorgegaukelt wird, um seine Schuld kleinzureden. Die dritte Phase nennen wir daher auch die *Minimierung*. Zum Schluss dann, in der vierten Phase, schiebt man die letzten rationalen Bedenken gegen ein Geständnis des Verhörten beiseite, indem man es als die bestmögliche Wahl zwischen zwei Alternativen präsentiert. Der Dieb wird beispielsweise gefragt: »Hast du das schon seit Jahren so gemacht oder war das nur ein Versehen und das erste Mal für dich?«[43]

Sie erkennen also, dass es sich bei der Reid-Technik um eine Kombination aus verschiedenen Techniken der Psychologie handelt, welche wir vorab schon besprochen haben. Diese werden jetzt nur noch in *Phasen* gesetzt, um strategisch vorgehen zu können. Es ist verständlich, dass Menschen eher dazu neigen, zu gestehen und sich zu enttarnen, wenn sie glauben, dass man bereits alle Beweise gegen sie in den Händen halte. Daraufhin bietet man dem Verhörten scheinbare Rechtfertigungen an, damit dieser sein Gesicht wahren kann. Es wird eine, wie Prof. Dr. Jack Nasher es in seinem Buch *Deal* beschreibt, *goldene Brücke* gebaut, um die beste Alternative für alle zu schaffen.[44] Der Win-win-Effekt sozusagen. Reid erklärte einst, dass seine Technik nicht viel anders sei als jene Techniken, die dem Verkauf von Produkten dienen. »Ein Verkäufer tut nichts anderes«, so Reid.[45] Das Produkt des Ermittlers ist die Wahrheit.

Reid systematisierte sein Konzept schließlich und veröffentlichte es 1962, nachdem er über 20 Jahre Erfahrungen damit gesammelt hatte, in dem Buch *Criminal Interrogation and Confessions.*[46] Dieses oft nur als CIC abgekürzte Buch wurde auch bekannt als die Bibel der Verhörmethoden. Die Techniken sind so wirksam, dass der Supreme Court der USA durch seine sogenannte Miranda-Entscheidung Polizisten dazu verpflichtete, jedem Beschuldigten bei der Festnahme seine Rechte zu erläutern. Sie kennen diese Sätze bestimmt. Es beginnt mit: »Sie haben das Recht, zu schweigen. Alles, was Sie sagen ...« Es sollte Verdächtigen ermöglichen, sich vor der Wunderwaffe der Ermittler zu schützen. Auch wissenschaftliche Studien berichteten von extrem hohen Erfolgsraten der Reid-Technik von bis zu 85 Prozent. Doch die Reid-Methode gilt auch als überaus umstritten. Prof. Dr. Jack Nasher schrieb dazu: »Sie [die Reid Technik] löste beinahe einen Eklat aus, als ich auf der Tagung für Forensische Psychiatrie und Psychologie der Charité in Berlin im Sommer 2014 für sie eintrat. Weshalb? Weil die Vortragenden [...] befürchten, dass die Methode auch falsche Geständnisse hervorbringen kann.«[47] Natürlich bedient sich die Reid-Technik manipulativer Mittel. Doch ich bin geneigt zu sagen, dass manchmal der Zweck die Mittel heiligt. Wo uns das moralisch oder ethisch hinführt, vermag ich nicht zu sagen. Uns interessiert für den Konsens aber auch weniger die Moral, sondern das Ergebnis, nämlich Lügen und Täuschungen zu durchschauen.

Doch Reid wurde nicht nur bekannt für seine Reid-Technik. Als er in den 40er Jahren des 20. Jahrhunderts hunderte von Lügendetektortests durchführte, entwickelte er das Behavior Analysis Interview (BAI). Bei dem BAI handelt es sich um ein System von Fragen, die eine bestimmte Verhaltensweise provozieren sollen, die typisch für Lügner ist. Es geht darum, herauszufinden, ob der Gesprächspartner die Wahrheit sagt oder etwa lügt. Da Lügendetektortests in verschiedenen Rechtsordnungen verboten wurden, erlangte das BAI-System Reids schließlich eine tragende Rolle und wurde seither stets weiter verbessert. Diese Fragetechniken gilt es für uns zu verstehen, um es John Reid und seinen Kollegen gleichzutun. Auch wir wollen durch geschickte Fragetechniken an die Wahrheit gelangen.

In den letzten Jahrzehnten nutzten diverse Dienste, Organisationen und Behörden diese Methoden. Nachrichtendienste wie die NSA, die CIA, der Bundesnachrichtendienst, der Mossad oder der MI6 der Briten lehren noch heute einige dieser Fragetechniken. Auch Behörden wie das FBI oder das deutsche Bundeskriminalamt greifen auf vergleichbare Techniken zurück. Das erste Handbuch, das diese Methoden lehrte, war ein 30-seitiges Heft mit dem Titel *Army Intelligence Interrogation Field Manual*, kurz IIFM, welches die US-Army während des zweiten Weltkrieges entwickelt hatte. Das IIFM war das erste Verhörhandbuch, welches den Einsatz von Gewalt während eines Verhöres untersagte. Zuvor wurde während Verhören in sämtlichen Kriegen vermutet, dass Folter die einzige Methode sei, um aus Soldaten oder feindlichen Agenten die Wahrheit zu pressen.

Das berühmteste Verhörhandbuch aber ist das sogenannte *KUBARK-Counterintelligence-Interrogation*-Handbuch. Der Begriff KUBARK ist dabei ein Deckname für das CIA-Hauptquartier in Langley, Virginia in den USA. Das KUBARK wurde von den 1960ern an und bis in die 1980er Jahre hinein von der CIA entwickelt und im Jahr 1997 auf der Basis des Freedom of Information Act von der Regierung der Vereinigten Staaten freigegeben. Ursprünglich konzipiert für den Umgang mit feindlichen Geheimdiensten, vor allem mit denen kommunistischer Mächte zur Zeit des Kalten Krieges, enthält es Erfahrungen aus dem Koreakrieg und dem Vietnamkrieg, Erkenntnisse aus deutschen KZ-Experimenten und Ergebnisse der akademischen Forschung.[48] Das mag alles streng geheim klingen, doch tatsächlich konnte ich während meiner Recherchearbeiten dieses Handbuch noch im Internet herunterladen.[49] Ein Blick hinein lohnt sich.

Dass sich das Handbuch heutzutage relativ leicht einsehen lässt, liegt daran, dass im Jahre 2013 dem FBI ein fataler Fehler passierte. Versehentlich veröffentlichte die Behörde ihr eigenes Verhörhandbuch, welches als »streng geheim« klassifiziert worden war. Dadurch wurde bekannt, dass das FBI ähnlich wie die CIA eine Kombination aus KUBARK und FBI-interner Methoden bei Verhören anwendet:

Die Reid-Technik. Mit anderen Worten: Wir werden uns nun mit den gewieftesten Techniken befassen, die derzeit bekannt sind.

Es mag einfach klingen, ja fast schon banal: Ein gutes Verhör steht und fällt mit den richtigen Fragen. Auch außerhalb eines kriminaltechnischen Verhöres trifft dies zu. Um an die Wahrheit zu gelangen, sind die richtigen Fragen das A und O. Sie zu finden, ist ganz und gar nicht einfach, sondern gehört zu den komplexesten Aufgaben der modernen Vernehmungslehre. Man kann eine Vernehmung nicht nach Drehbuch abhalten und schon gar nicht vorausplanen. Sie können nicht vorausahnen, wie der Befragte reagiert, wenn Sie ihn der Lüge bezichtigen. Die Befragung kann daher nur schwer nach einer strikten Reihenfolge verlaufen. »Aber sie kann und muss«, so schreibt das KUBARK-Handbuch, »von A bis F oder A bis M geplant werden.« Dazu noch warnt das KUBARK: »Ein unstrukturiertes Voranpreschen um jeden Preis kann alle Erfolgschancen sogar vollständig zunichtemachen, selbst wenn später fundierte Methoden angewandt werden.«[50] Mit anderen Worten also: Wir brauchen eine Strategie!

Jedes Mal, wenn Sie versuchen, Lüge und Wahrheit voneinander zu unterscheiden und Sie Fragen stellen, um dem vermeintlichen Lügner die Möglichkeit zu geben, die Wahrheit zu sagen, befinden Sie sich in der Situation, die wir *das Interview* nennen. Der Begriff *Interview* wurde für den geschäftlichen Rahmen entworfen, damit wir im Geschäftsleben nicht von Verhören sprechen müssen.

Beginnen Sie das Interview entweder indem Sie Ihren Gesprächspartner durch Ihr verspätetes Eintreffen warten lassen, oder indem Sie zuerst einmal einen Moment schweigen. Lassen Sie sich Zeit. Lassen Sie Ihre Präsenz einfach wirken. Wenn Sie dann erscheinen oder beginnen etwas zu sagen, können Sie einen wertvollen ersten Eindruck über Ihren Gesprächspartner gewinnen. Der Unschuldige ist in dieser Phase bereit für das Gespräch, er freut sich sogar schon fast darauf, weil er endlich alle Vorwürfe gegen ihn aus der Welt schaffen kann. Der Schuldige hingegen wird sich in seinen Gedanken verstricken, wohlmöglich gar nicht bemerken, dass Sie im gleichen Raum sind wie er, oder unkonzentriert wirken. Er überlegt immer noch, wie er sich aus der fatalen Lage herausmanövrieren kann. Wie kann das in der Praxis aussehen, wenn wir nicht in einem Verhör sind, wie es die Reid-Technik oder das Kubark-Handbuch vorgibt?

Nehmen wir an, Sie ahnen, dass Ihr Kollege Sie täuscht und er über seine Arbeitszeiten lügt und was er währenddessen alles tut. Sie vermuten, dass dieser die Arbeitszeit für private Angelegenheiten nutzt, sich womöglich von der Firma trennen will und wertvolle Kunden mitnehmen möchte. Die Strategie für ein Interview würde also wie folgt aussehen: Wenn Ihr Kollege in der Firma erscheint, begrüßen Sie ihn freundlich, damit er keine Chance hat, auf einen wahrscheinlichen Streit oder schlechte Laune zu reagieren. Sie sagen dann so etwas wie: »Guten Morgen, haben Sie später Zeit für mich? Kommen Sie doch bitte gegen 11 Uhr in mein Büro. Wir müssen über Ihre Arbeit sprechen.« Daraufhin sagen Sie nichts und gehen in die Büroküche, an Ihren Arbeitsplatz, den Müll rausbringen oder sonst wo hin. Hauptsache weg! Sie lassen ihn stehen und lassen nichts als ein Schweigen zurück. Jetzt hat er genug Zeit, darüber nachzudenken, was Sie wohl bereden möchten. Entweder denkt er nun lange nach, ob Sie etwas ahnen könnten, oder er geht gar nicht weiter auf den Gedanken ein, weil er einfach nur eine schwierige Zeit durchmacht, in der es bei ihm nicht so gut läuft wie normalerweise. Was es auch ist, Ihr Job ist bis zu diesem Zeitpunkt getan. Ihr Einstieg in das Interview war erfolgreich. Von Vorgesetzten zum Mitarbeiter funktioniert das Ganze natürlich analog. Der Chef trifft seinen Mitarbeiter in der Pause und merkt kurz an: »Herr Müller, gut das ich Sie treffe. Kommen Sie später bitte um 14 Uhr in mein Büro. Ich habe etwas Dringendes zu besprechen und brauche eine Stellungnahme von Ihnen.« Dann geht der Chef ohne ein Wort weiter und verlässt das Szenario.

Ein gut vorbereitetes Interview beginnt mit einem Eröffnungsstatement, in dem man seinem Gesprächspartner vermittelt, worum es geht, die eigene Neutralität zeigt und dem Befragten klarmacht, dass man mögliche Lügen entlarven wird. In unserem Fall würden

Sie sagen: »Schön, dass wir die Zeit gefunden haben, um reden zu können, bei all dem Stress, den wir beide ja haben. Ich möchte mit Ihnen über Ihre Zeit hier in der Firma sprechen und über die Ergebnisse der letzten Monate. Ich befürchte, dass Sie nicht mehr die Ergebnisse erzielen, die wir sonst von Ihnen gewohnt sind. Werden Sie uns womöglich verlassen? Was es auch ist, es ist okay. Die Hauptsache ist, dass Sie mir die Wahrheit sagen. Ich möchte nicht, dass Sie lügen, und wenn Sie es doch tun sollten, werde ich es wissen.«

Vermeiden Sie von Anfang an jegliche Begriffe, die Ihr Gegenüber einem Vorwurf aussetzen. Unterlassen Sie auf jeden Fall jegliche Art von Schuldzuweisungen. Wenn Sie Dinge sagen wie: »Ich weiß, Sie wollen uns verlassen und werden versuchen alle Kunden mitzunehmen!«, ist das Gespräch schon gelaufen, bevor es begonnen hat. Drücken Sie sich positiv aus, und positiveren Sie jegliche Aussagen und Worte. Sagen Sie nicht »lügen«, sondern »ehrlich sein«. Nicht »stehlen«, sondern »nehmen«. Nicht »belästigen«, sondern »Interesse zeigen«. Sprechen Sie nur vom physischen Akt, ohne jegliche moralische oder juristische Bewertung. Sie sagen zum Beispiel: »Es geht um das Verschwinden von Geld aus der Kaffeekasse.« Verwenden Sie anklagende Worte, wird sich Ihr Gesprächspartner sofort verschließen. Auch wird es Ihrem Gesprächspartner dadurch noch viel schwerer gemacht, ohne Gesichtsverlust die Wahrheit zu sagen oder zu gestehen. Der entscheidende Punkt ist, dem Gesprächspartner zu vermitteln, dass man nicht daran interessiert ist, ihn richtig durch den Wolf zu drehen, sondern man nur möchte, dass die Wahrheit ans Licht kommt. Die Beachtung des Respekts und der Signifikanz aus der Psychologie, die wir schon behandelt haben, kommen hier ebenfalls zu tragen.

Wenn Sie nicht gerade mit einem Ihnen bekannten Menschen oder guten Freund sprechen, sondern vielleicht mit einem Menschen, der Ihr Leben nicht besonders gut kennt, bietet es sich an, beiläufig zu erwähnen, dass Ihr Hobby das Lesen von Körpersprache und Menschen oder das Erkennen von Lügen ist. Wer glaubt, einen Profi vor sich sitzen zu haben, wird viel mehr Respekt empfinden. Dies lässt seine Angst steigen und verstärkt die Disharmonie seiner Körpersprache, was es uns wiederum leichter macht, Lügen zu erkennen. Stellen Sie bloß nicht Ihr Licht unter den Scheffel, indem Sie sagen: »Meine Menschenkenntnis ist eher durchschnittlich als besonders gut.« Der Lügner würde sich entspannen und denken, dass Sie ihn dann ja auch nicht enttarnen können. Mir fiel dies einmal auf, als ich bei einem Geschäftstermin als Experte für Körpersprache und Lügenerkennung vorgestellt wurde. Das klang erst mal ziemlich hochtrabend und mir wäre eine unauffälligere Vorstellung lieber gewesen, da die Bezeichnung nicht vollständig meinem Profil entsprach, doch erfüllte die Vorstellung ihren Zweck. In folgenden Gesprächen stieg der Druck auf die Gesprächspartner, da sie davon ausgingen, dass ich alles, was sie sagten, durchschaute. Im Interview ist es ebenfalls besser, jegliche Gefühlsregungen Ihrerseits zu verbergen. Selbst wenn Sie am liebsten dem Gesprächspartner an die Gurgel gehen würden, oder Ihnen vor Entsetzen fast die Kinnlade herunterklappt, bleiben Sie entspannt und achten Sie darauf, dass sich bei Ihnen so wenig wie möglich regt. Bleiben Sie undurchschaubar!

Nachdem Sie nun die erste Phase des Interviews erfolgreich absolviert haben, beginnt die zweite Phase, in welcher Sie an die Wahrheit gelangen möchten. In dieser Phase benutzen Sie verschiedene Fragetechniken, die Sie im Folgenden erlernen werden. Während dieser Phase ist es besonders wichtig, dass Sie die bereits genannten Techniken der Psychologie anwenden. Zeigen Sie Verständnis, Respekt, vermitteln Sie Wertschätzung (Signifikanz) oder nutzen Sie Gemeinsamkeiten aus. Bauen Sie eine Verbindung zu dem Menschen auf.

Die Vergleichsfrage

Beginnen wir mit der bereits angesprochenen Fragetechnik aus der Reid-Technik: Der Vergleichsfrage.[51] Die Vergleichsfrage soll Ihnen die Möglichkeit geben, ein Muster in einer Handlung zu erkennen und gleichzeitig dem möglichen Lügner die Chance geben, zwischen zwei

Alternativen zu wählen, um sich selbst zu entlarven. Eine solche Vergleichsfrage könnte wie folgt aussehen: »Haben Sie in den letzten Monaten Zweifel gehabt an Ihrer Arbeit und der Sinnhaftigkeit Ihres Tuns, oder wollen Sie sich vielleicht beruflich einfach nur verbessern? Wenn der Gesprächspartner jetzt mit »Nein« antwortet, würde das seine Position massiv untergraben. Warum? Natürlich möchte er sich verbessern, da dies sonst seine Position gegenüber seinem Arbeitgeber untergräbt. Wer würde schon zugeben wollen, dass er sich nicht mehr verbessern will? Wenn er die Vergleichsfrage mit »Ja« antwortet, hat er die Frage ja schon einmal bejaht. Das *Ja* bis zur Kündigung wäre für den Lügner nicht mehr weit. Verneint er jedoch, untergräbt er seine Glaubwürdigkeit und weiß, dass Sie es sofort erkennen würden, dass er lügt und Ihnen Kunden rauben möchte. Der Lügner sitzt sozusagen in der Falle. Der Unschuldige lügt womöglich in dieser Situation auch, genauso wie der Schuldige es tut. Fragt man aber dann im nächsten Schritt spezifisch nach: »Wollen Sie unsere Firma verlassen?«, wird der Unschuldige klipp und klar die Wahrheit sagen, während der Lügner jetzt tiefer gehen müsste, weiter Lügen erfinden muss und jetzt, da die Katze aus dem Sack ist, mehr Angst und Stress empfindet, als es noch bei der allgemeinen Frage der Fall war. Klar hat der Unschuldige mal über einen Karrierefortschritt nachgedacht, vielleicht sogar innerhalb der Firma. Das bedeutet für den Unschuldigen aber nicht, dass er dem Unternehmen schaden würde. Kleine Lügen häufen sich sehr gerne. Wichtig dabei ist, dass Sie Ihre Frage nicht zu allgemein formulieren, sondern Sie gerne zeitlich begrenzen mit: »Haben Sie jemals in Ihrem Leben« oder »Haben Sie während der letzten Monate einmal dies oder jenes«.[52]

Die hypothetische Frage

Bei der hypothetischen Frage stellen Sie Ihrem Gesprächspartner die Frage, ob er sich eine solche Tat überhaupt vorstellen könnte: »Haben Sie sich jemals vorgestellt, eine andere Arbeit zu leisten und vielleicht sogar, sich von uns zu lösen?« Es gilt das Gleiche wie bei der Vergleichsfrage. Der Unschuldige wird leugnen, auch oder gerade dann, wenn er sich durchaus schon derartige Gedanken gemacht hat. Der Schuldige aber wird anders reagieren. Entweder leugnet auch er oder er gesteht seine Gedanken ein. Warum sollte er das tun? Ganz einfach, da es für ihn keine bessere Gelegenheit gibt, über seine Tat zu sprechen und den damit verbundenen Stress abzubauen, ohne Konsequenzen fürchten zu müssen. Hypothetisches ist ja kein Beweismittel. Sie fragen ja nur: »Was wäre, wenn?«. Auch hier geben Sie dem Gesprächspartner wieder die Chance, ein Geständnis zu erbringen, die Wahrheit zu sagen und die Lüge selbst zu enttarnen. Niemand zwingt hier irgendwen zu irgendwas. Nicht umsonst empfiehlt der Anwalt des Angeklagten, nichts zu sagen oder von sich zu geben, solange der Anwalt nicht selbst vor Ort ist.

Die direkte Frage

Bei der direkten Frage fragen Sie einfach aus dem Bauch heraus, ob der Gesprächspartner der Schuldige ist, für den Sie ihn halten. »Wollen Sie die Firma verlassen und Kunden von uns abwerben?« oder »Haben Sie das Geld gestohlen?« Die US-Army empfiehlt in ihrem IIFM-Handbuch, diese Technik sofort nach dem Interview zu verwenden.[53] Sie platzen einfach mit der Sprache heraus. Der Unschuldige wird klar und deutlich seine Unschuld beteuern, sagen, dass er es nicht war und sich darüber freuen, seine Unschuld sofort beweisen zu können. Der Schuldige jedoch wird sich anders geben. Er wird vielleicht ein zögerndes »Was soll ich getan haben?« oder »Was, ich?« von sich geben. Dann folgen meist Worte mit einer typischen Distanzierung. »Warum sollte ich diese Firma hintergehen wollen?« Ähnlich tat es Bill Clinton, als er befragt wurde, ob er mit Frau Lewinsky Sex hatte. Seine Aussage dazu war: »Ich hatte keine sexuelle Beziehung zu dieser Frau, Fräulein Lewinsky.« Allerdings hatte er gelogen, und die Affäre wurde nachgewiesen. Ein Debakel für den Clinton-Clan. Mit der Aussage »diese Frau« und dem angehängten »Fräulein Lewinsky«, war die Lüge für Kenner erkennbar.

Häufig sind auch pathetische Beteuerungen ein Zeichen für die Lüge. Der Lügner sagt: »Ich schwöre auf das Grab meiner Mutter« oder »Ich habe jetzt doch schon mehrfach gesagt, dass ...« Diese Antworten sind daher so beliebt, weil sie in erster Linie ja keine Lügen sind. Klar kann man auf Mama schwören oder etwas schon 100-mal beteuert haben. Lügner lügen nur so viel wie unbedingt nötig; daher ist auch dieses indirekte Lügen ein Hinweis auf die Schuld.

Der berühmte CIA-Verhörer Cleve Backster wusste schon, dass man im Verhör immer mit der stärksten Anschuldigung beginnen soll. Kommen Sie also nach dem Interview und Ihrem Eröffnungsstatement sofort zum Punkt. Bei weiteren Lügen, die weniger Gewicht haben, fällt es dem Lügner daher einfacher, diese zuzugeben.

Sie fragen sich jetzt bestimmt: »Was soll ich denn tun, wenn mein Gesprächspartner zunächst zurückhaltend reagiert und kaum etwas preisgibt?« Ich empfehle Ihnen, wie folgt vorzugehen; Verdoppeln Sie Ihre Frage, indem Sie beispielsweise fragen: »Wollen Sie Kunden der Firma abwerben? Warum sollten Sie das nicht tun wollen?« Für den Unschuldigen ist auch dies kein Problem. Er kann die Frage leicht beantworten. Ohne lang überlegen zu müssen, sagt dieser klipp und klar: »Nein, das will ich nicht.« Der Schuldige gibt sich wie bereits erläutert.

Das Prinzip hinter der direkten Frage ist also, dass der Unschuldige die Möglichkeit erhält, seine Unschuld sofort zu beweisen, während der Schuldige versuchen wird, sich aus der Lüge irgendwie herauszureden.

Die Zweckfrage

Die Zweckfrage wird gerne während des Interviews verwendet. Ihre Absicht ist es, dem Unschuldigen sofort die Chance zur Wahrheit zu geben, während der Schuldige die Verschleierungstaktik anwenden soll. Sie wetten sozusagen darauf, dass er es tut. In unserem Beispiel würden wir fragen: »Warum, glauben Sie, habe ich um dieses Gespräch gebeten?«

Der Unschuldige wird sofort sagen können, warum man mit ihm sprechen möchte, oder wird nach einer kurzen Andeutung der Thematik klarstellen, worum es geht und warum er nicht gelogen oder die Tat nicht begangen hat. Unschuldige haben allgemein keine Angst davor, die Dinge beim Namen zu nennen: Diebstahl, Missbrauch, Betrug. Warum auch? Sie waren es ja schließlich nicht. Es gibt keinen Grund, die Sache daher zu vernebeln.

Schuldige hingegen tun genau das. Sie vernebeln die ganze Angelegenheit oder greifen auf Beschönigungen zurück. Vage und unpräzise Antworten kommen dann meist zum Einsatz. Der Gesprächspartner könnte antworten mit: »Ich weiß nicht, worum es geht. Geht es um die letzte Zeit oder um einen bestimmten Kunden?«

Chris Mackey fragte während des zweiten Afghanistankrieges die Verhörten: »Warum, glaubst du, sind die Soldaten in dein Haus gekommen?« Wenn der Befragte behauptete, er hätte keine Ahnung, antwortete Mackey: »Dann lass dir etwas einfallen!« – und wartete.[54] Eine extrem gute Strategie, die Sie ebenfalls verwenden können. Sie werden bei der Zweckfrage auf die typische Antwort »Ich weiß es nicht« dutzende Male stoßen. Meist ist dies schon die Lüge. Ignorieren Sie die Antwort und spielen Sie den Ball sofort zurück. Wenn Sie sofort antworten und sagen »Dann denk nach!«, eliminieren Sie auf der Stelle jegliche Standardantworten, die man Ihnen so geben kann. Jetzt muss Ihr Gesprächspartner reden. Lügner müssen jetzt noch weiter lügen und sich noch mehr einfallen lassen. Je mehr sie lügen, desto leichter wird es für Sie, die Lüge zu enttarnen. Das Letzte, was ein Lügner will, ist noch mehr zu reden. Der Unschuldige hingegen hat sofort eine Antwort parat, die alles aufklärt.

Die offene Frage

Offene Fragen sind genau das, was der Name schon verrät. Sie bieten die Möglichkeit, alles zu erzählen. Sie sagen beispielsweise: »Berichte mir alles, was du über die Sache weißt!« Verwenden Sie diese Art der

Frage nur, wenn kurzfristig das Ziel lautet, so viele Informationen wie möglich zu gewinnen. Jetzt aufgepasst: Es geht nicht so sehr um Wahrheitsfindung sondern vielmehr um Informationsgewinnung. Die Frage ist so offen gestellt, dass man Ihnen alles sagen kann. Jemand, der alles Mögliche zu dem Fall sagen könnte, wird genau dies tun.

Der Unschuldige hat sich vorher überlegt, wer die Tat begangen haben könnte und warum. Der Schuldige hingegen überlegt sich nicht, was vorgefallen sein könnte. Warum auch? Schließlich war er ja selber dabei und hat die Tat begangen. Der Schuldige reagiert daher wenig spontan und hat sich womöglich die meisten Details seiner Geschichte bereits vorgelegt. Dabei wird er gerne auf eine Art Liste zurückgreifen. »Dann ist dies passiert, dann das und danach das.« Sie fragen: »Haben Sie das Feuer in der Diskothek gelegt?«, woraufhin der Befragte sofort antwortet mit einer Liste aus: »Erstens ist der Besitzer ein Freund von mir, zweitens bin ich auf Bewährung draußen und drittens, weshalb sollte ich so etwas riskieren?« In unserem Beispiel könnten wir fragen: »Was hat sich in den letzten Monaten an Ihrer Leistung verändert?«

Meiden Sie geschlossene Fragen, da diese dem Schuldigen oder Lügner die Antwort bereits in den Mund legen. »Sie wollen die Firma hintergehen. Warum tun Sie sowas?« Stellt man dagegen offene Fragen, wird der Befragte nicht sofort zum Lügen animiert, fängt erst mal an zu quatschen und verhaspelt sich mit großer Wahrscheinlichkeit, wenn er der Täter oder Lügner ist. Lassen Sie die Leute reden. Am besten, so viel es nur geht. Sie selbst schweigen und hören aufmerksam zu.

Wenn der Mensch erst einmal anfängt zu erzählen, gehen Sie darauf immer wieder einmal ein und fragen nach. Jetzt wollen Sie die Details der Story wissen. Lügner haben, wie bereits erklärt, keine Details zu ihren Geschichten. Es ist schließlich alles erfunden. Wenn die befragte Person anfängt, beim Erzählen die Geschichte klar strukturiert abzuarbeiten, gehen Sie ruhig manchmal chronologisch einen Schritt zurück und fragen Sie: »Was war vorher noch mal? Was hast du davor getan?« Lügner erzählen ihre Geschichte von vorne bis hinten. Es gibt einen

Startzeitpunkt und einen Endzeitpunkt. Da sie keine echten Ereignisse erlebt haben und auf keine Erinnerung zurückgreifen können, ist ihre Geschichte linear. Das Gehirn schafft es nicht, die frei erfundene Geschichte rückwärts zu erzählen. Erlogene Geschichten haben meist einen Anfang, einen Hauptteil und einen Schluss. Brav wie in der Schule auswendig gelernt. Die Wahrheit würde anders klingen. Die Wahrheit wäre voller Emotionen, während die Lüge dies nicht ist. Auf die Frage hin, warum man zu spät sei, klänge die Wahrheit wie: »Wir sind mal wieder zu spät losgekommen, dann hat sich auf der Autobahn ein Laster quer gestellt, und die Umfahrung haben wir leider dann verpasst. Ich bin froh, dass uns nicht passiert ist. Wir mussten dann noch einmal umdrehen, damit wir den Weg wieder finden. Die ganze Stadt ist eine einzige Baustelle!« Die Wahrheit steckt voller Details und Gefühle.

Die Köderfrage

Die folgende Fragetechnik ist im deutschen Rechtssystem gemäß §136a der Strafprozessordnung verboten worden. Warum? Die Köderfrage gilt als eine der manipulativsten Techniken in einem Verhör oder ähnlichen Szenario. Die Köderfrage bedient sich dessen, was gute Pokerspieler tun, und einer kleinen Technik, von der wir bereits zuvor in diesem Buch sprachen: dem *Bluff*. Das Schöne dabei ist, juristisch sollten Sie wissen, dass die Strafprozessordnung keine Anwendung für ihr Geschäft oder Privatleben findet.[55]

Bei der Köderfrage spielen Sie Ihrem Gesprächspartner vor, dass Sie Beweise hätten. Der Vernehmer fragt zum Beispiel: »Es war ja eine Kamera neben den Paketbändern installiert. Was, glauben Sie, sehe ich auf dem Videoband? Könnte es sein, dass Sie auf dieser Aufnahme zu sehen sind?« Allein die Frage provoziert den Lügner, noch mehr Stress zu empfinden. Die Disharmonien können nach der Köderfrage besonders deutlich werden. Der Schuldige wird herumdrucksen möglicherweise zögern und eventuell auch abstreiten. Was auch immer er sagt, er wird Stress empfinden. Er hat nun die Wahl. Entweder er liefert ein Geständnis, oder er redet sich weiter um Kopf und Kragen. »Ja, wissen Sie, ich habe das Paket nur vom Band genommen, weil es beschädigt aussah.« Was auch immer er sagt, er wird weiter lügen und macht es Ihnen damit noch einfacher.

Der Unschuldige hingegen ist völlig entspannt, weil er weiß, dass er auf dem Band nicht zu sehen ist oder es keine Fotos von ihm mit einer anderen Person geben kann. Selbstsicher und souverän wird er ohne Umschweife antworten, dass er unmöglich auf dem Band auftauchen könne oder Beweise dafür vorlegen, warum er gestern gar nicht in der Stadt mit einer anderen Person hätte sein können. Achten Sie hier wieder auf die Disharmonien und den Stresslevel. Diese werden sich beim Unschuldigen kaum bis gar nicht zeigen. Warum auch? Er ist schließlich unschuldig.

Wenn Sie die Köderfrage stellen, ist es besonders wichtig, dass Sie selbst souverän und gelassen wirken. Brüllen Sie diese nicht hinaus. Wirken Sie unter keinen Umständen aggressiv oder gar voller Vorfreude darüber, dass Sie endlich die Köderfrage einsetzen können. Die Daumenregel ist hier, dass Sie sich nichts ansehen lassen dürfen. Spielen Sie den coolen Typen ohne emotionale Regung.

Ein Unternehmen, das ich aus datenschutzrechtlichen Gründen hier nicht benennen darf, hatte einen neuen Mitarbeiter eingestellt. Eines Tages rief dieser Mitarbeiter an und behauptete, er müsse dringend Sanierungsarbeiten an seinem Haus vornehmen. Er brauche dafür 500 Euro. Wochen zuvor hatte der Mitarbeiter aber erklärt, dass er bei seinen Eltern in einer Mietswohnung am Stadtrand lebe. Sein Vorgesetzter antwortete ihm daraufhin: »Ihr Kollege hat mir erzählt, dass Sie zu Hause bei Ihren Eltern wohnen. Hat sich Ihre Adresse geändert und Sie haben ein Haus gekauft?« Urplötzlich wollte der neue Mitarbeiter keine 500 Euro mehr und fragte nur noch nach, ob sein Gehalt wie jeden Monat pünktlich überwiesen würde. Dann legte er auf. Selbstverständlich hätte sein Arbeitgeber ihm ausgeholfen, doch das Gespräch mit einer Lüge zu beginnen führte zum Vertrauensverlust.

Die Behauptungen, die Sie aufstellen, müssen absolut plausibel sein und sehr nahe an der Wahrheit liegen. Der Bluff muss perfekt sein. Ist Ihr Bluff erkennbar, und Sie erfinden frei nach Schnauze irgendeine abstruse Geschichte, wird der Bluff auffliegen und die Fragetechnik ist dahin. Nicht nur das! Ihre ganze authentische Art ist ab diesem Zeitpunkt Geschichte. Ebenfalls sollten Sie die Köderfrage erst dann stellen, nachdem der Gesprächspartner die ersten Details angegeben hat, die man daraufhin anzweifeln wird. Beginnen Sie mit der Köderfrage, bevor Sie irgendwelche Informationen haben, läuft diese daraufhin ins Leere.[56] Was könnten mögliche Beweise sein, die Sie vorbringen? Im behördlichen oder geschäftlichen Umfeld mögen es Videos, Fotos, DNA-Bluttests, Bissspuren, Fußabdrücke, Reifenabdrücke, Satellitenbilder, Berichte der Krankenversicherung, der Vergleich der Unterschrift, Aussagen des ehemaligen Arbeitgebers oder Informationen des hauseigenen Detektivs sein. Im privaten Bereich bieten sich Fotos, E-Mails, Videos, SMS, andere Kurznachrichten oder auch Berichte von Dritten an. Die Hauptsache ist, dass diese Beweise stichfest und plausibel sein müssen. Man wird den Vorwurf womöglich dennoch leugnen und sagen: »Das ist ein Fake. Ich war das nicht.« Darauf können Sie immer sehr schön mit einer Rollentauschfrage glänzen. Sie antworten: »Was soll ich jetzt von dir denken? Hier liegen die Beweise, und du lügst mich weiter an.«

Sie können die Köderfrage selbstverständlich auch dann verwenden, wenn Sie echte Beweise vorliegen haben. Sie können ebenfalls die Effizienz der Köderfrage noch verbessern, indem Sie diese mit einer Suggestivfrage kombinieren. Die Suggestivfrage wird so gestellt, dass der Eindruck erweckt wird, dass bereits alle Fragen aus der Welt geräumt sind und alles klar ist. Man fragt den Beschuldigten nicht, ob er fremdgegangen ist, sondern wie oft. Sie fragen nicht, wo er war, sondern wann er dort war. Verdächtigen Sie Ihre Tochter beispielsweise heimlich geraucht zu haben, fragen Sie nicht: »Hast du geraucht?« Das wäre die direkte Frage. Die Köderfrage dazu wäre, in der Kombination mit der Suggestivfrage: »Wie lange rauchst du eigentlich schon heimlich?« Sie geben Ihrem Gesprächspartner nicht einmal die Chance zu lügen. Die Wahrheit ist ja schon längst raus.

Medien nutzen dies ebenfalls sehr gerne. Oft fällt mir auf, dass Nachrichtensprecher kurze Informationen mit einfließen lassen, die eher ihren eigenen Meinungen und Interessen dienen, als der angeblichen neutralen Berichterstattung. So fragte eine Nachrichtensprecherin während der Christian-Wulff-Affäre einmal: »Hat Herr Wulff wieder seine Kontakte für seine Interessen genutzt?« Das Wort *wieder* implizierte ganz beiläufig, dass er schuldig sei. Neutral war das nicht.

Was passiert aber, wenn der Gesprächspartner oder Befragte ein Alibi für die Situation hat? Er sagt womöglich: »Klar, ich habe das Paket vom Band genommen. Die Außenverpackung sah beschädigt aus. Ich wollte dies meinem Sicherheitsbeauftragten mitteilen.« In diesem Fall benutzen Sie die Kombination der Köderfrage und der Alibi-Test-Frage. Sie bestätigen zuerst die Aussage, die Sie hörten, und gehen dann auf Details der Geschichte ein. Sie fragen zum Beispiel: »Ihren Vorgesetzten informieren zu wollen, war eine gute Idee. Er war an dem Abend ja auch bei Ihrer Abteilung. Warum haben Sie Ihn denn nicht informiert?« Tatsache war, dass der Vorgesetzte überhaupt nicht vor Ort war. Was auch immer der Gesprächspartner nun sagt, muss gelogen sein. Dann stellen Sie weiter Fragen, um die Details zu ermitteln. Bei all den Details lassen Sie sich dann immer wieder Punkte der Geschichte wiederholen, damit sich der Lügner selbst enttarnt.

Die Grundregel lautet dabei wie immer: Der Unschuldige bleibt entspannt, der Schuldige wird hingegen Stress empfinden.

Die Motivfrage

Die Motivfrage lässt den Unschuldigen unschuldig aussehen und gibt dem Schuldigen die Möglichkeit, ein Geständnis abzugeben. Man fragt beispielsweise: »Warum, glaubst du, würde jemand das Geld aus der Kasse nehmen?« Der Unschuldige wird leicht dafür Antworten finden, da er sich vorab darüber Gedanken gemacht hat. Er wird spekulieren und alle möglichen Wege aufzeigen, warum, wer, was, wann und wo getan haben könnte. Beim Unschuldigen können Sie daher oft die Ausdrücke von Verachtung erkennen. Diese kennen Sie aus dem Kapitel zur Physiologie. Der Schuldige hingegen wird nicht spekulieren. Er kennt das Motiv schließlich. Er wird daher eher dazu neigen, die Tat von sich zu schieben. Er wird eher sagen: »Keine Ahnung! Woher soll ich das wissen?« oder »Was weiß ich, was andere denken und warum sie so handeln.« Vielleicht wird er sogar die Tat selbst anzweifeln und sagen: »Vielleicht hat sich auch nur jemand Geld aus der Kasse geborgt und wird es später zurücklegen« oder »Sind Sie sich sicher, dass Geld fehlt? Zählen Sie lieber noch einmal in Ruhe nach.« Wenn der Schuldige jedoch einige Motive aufzeigt, sind diese immer persönlicher Natur. Er wird sagen: »Jemand muss Geldprobleme haben oder es war einfach nur ein Missverständnis.« Eine andere Möglichkeit des Schuldigen ist es, ein sehr detailliertes Motiv zu benennen. Er sagt beispielsweise: »Jemand wird das Geld aus der Kasse genommen haben, weil er sich an seinem Arbeitgeber wegen zu geringer Bezahlung rächen möchte.« Er spielt in diesem Fall auf sich selbst an.

Wenn das passiert, stellen Sie eine Verdachtsfrage, um genauer darauf einzugehen. Fragen Sie etwa: »Wer, glauben Sie, wird das Geld entwendet haben?« Der Unschuldige würde in diesem Moment nur daran denken, wer es wohl war. Der Schuldige hingegen wird sich versuchen weiter von der Tat zu distanzieren und sagen: »Keine Ahnung. Ich weiß es wirklich nicht.« Möglicherweise bagatellisiert der Schuldige sogar und sagt: »Jeder Mitarbeiter der Firma hätte es sein können. Der Chef selbst könnte es gewesen sein.« Verallgemeinerungen sollten Sie immer stutzig machen. Wenn es jedoch mehrere Verdächtige gibt, wird jeder von ihnen versuchen, die Schuld immer dem anderen in die Schuhe zu schieben. Dies ist ein guter Grund, immer sicherzustellen, dass die Verdächtigten nichts voneinander wissen.

Die Bestrafungsfrage

Eine andere Fragetechnik, die ich sehr gerne verwende, auch in abgewandelter Form in meinem Privatleben, erzeugt immer wieder die wildesten Fantasien und Antworten. Die Bestrafungsfrage ist jene Technik, bei der man den Gesprächspartner fragt, wie er mit dem Schuldigen umgehen würde. Sie würden fragen: »Was würden Sie mit dem Schuldigen tun?« oder »Welche Strafe verdient Ihrer Meinung nach der Schuldige?« Unschuldige Personen sind hier absolut skrupellos und fordern die härtesten Strafen, die sie sich vorstellen können. Sie kommen selbst bei kleineren Vergehen mit den dicksten Dingern an. Sie sagen: »Lebenslänglich! Ist doch klar!« oder: »Der Mann verdient die fristlose Kündigung!« Der Schuldige hingegen wird sich immer vage Strafen ausdenken oder wieder einmal die Verantwortung von sich schieben. Er wird Dinge sagen wie: »Es kommt ganz darauf an, welche Gründe der Schuldige angibt für seine Tat.« oder: »Das kann ich nicht entscheiden. Ein Richter sollte das tun.« Wenn Worte wie *vielleicht* oder *vermutlich* benutzt werden, spricht dies für den Schuldigen. Unschuldige zeigen sich absolut kompromisslos, wenn es um das Verteilen von Strafen geht. Sie sind absolut skrupellos. Wir Menschen scheinen uns in diesen Situationen wie die Geier auf das noch frische Fleisch zu stürzen. Weg da, jetzt komme ich! Der Schuldige hingegen wird immer zögernd antworten. Warum sollte er sich auch selbst hart bestrafen wollen? Fragt man, ob der Schuldige eine zweite Chance erhalten solle, hat der Unschuldige immer eine klare Antwort: »Auf keinen Fall! So etwas geht gar nicht!« Der Schuldige hingegen wird immer Güte und Nachsicht walten lassen. Er sagt solche Dinge wie: »Jeder sollte eine zweite Chance bekommen« oder: »Das käme darauf an ... das ist jetzt schwer zu sagen ...« Achten Sie auch auf die Abstände der Antworten der Befragten, nachdem Ihre Frage gestellt wurde. Der Schuldige wird zögern, während der Unschuldige sofort weiß, was zu tun ist.

Die Rollentauschfrage

Die letzte Fragetechnik, die Sie von mir gezeigt bekommen, ist die Rollentauschfrage. Sie fragen zum Beispiel: »Was würden Sie tun, wenn Sie ich wären und versuchen würden, herauszufinden, wer die Wahrheit sagt?« Der Unschuldige wird sofort einen Ratschlag parat haben. Wir Menschen sind, wenn wir unschuldig sind, sehr schnell damit, Rat geben zu können oder andere zu beschuldigen. Wenn wir das Ganze von außen beobachten, ist es immer leicht, den Besserwisser zu spielen. Spielen Sie dabei ruhig das Ego des Gesprächspartners heraus. Geben Sie ihm die Chance, groß herauszukommen und sich zu zeigen. Geben Sie ihm die Möglichkeit, sich wertvoll zu fühlen. Der Schuldige hingegen würde extrem dämlich sein, wenn er Ihnen auch noch hilft. Warum sollte er Ihnen auch helfen? Er versucht ja schließlich mit der Lüge oder mit seinen Taten davonzukommen. Wenn er dann doch einen Rat gibt, ist dieser meistens völlig unsinnig und unbrauchbar.

Falsche Beweise enttarnen

Typisch für Lügner ist, dass sie immer versuchen, Beweise zu fälschen, um ihre Unschuld zu beweisen. Sie erfinden suspekte E-Mails, SMS oder andere Kurznachrichten, Alibis und mehr. Sie sagen häufig, dass man doch den und jenen fragen soll. Die hätten es auch so gesehen, und man würde die Unschuld beweisen können. Häufig kommt auch der Satz: »Soll ich ihn anrufen? Er kann es dir bestätigen.« Ich finde diese Floskeln immer wunderbar. Ich lächle dann und greife sofort zum Mobiltelefon und lege es auf den Tisch mit den Worten: »Ich bitte darum. Sie kennen die Nummer ja bestimmt.« Am Ende sind es Ausreden, um ein Alibi vorzutäuschen. Unschuldige haben zwar auch Beweise für ihre Unschuld, können aber darüber hinaus die Echtheit ihrer Beweise belegen. Es ist daher ratsam, sich eine Strategie zu überlegen, welche Beweise oder Ausreden der Befragte verwenden wird. Tun Sie dies selbstverständlich, bevor Sie in das Gespräch mit ihm kommen. Währenddessen ist es bereits zu spät. Notieren Sie daher vorher alle möglichen Ausreden, die der Schuldige ins Feld führen könnte. Notieren Sie weiterhin, wie Sie auf diese Ausreden oder vermeintlichen Beweise reagieren werden. Vorbereitung ist einfach alles!

Hier ein Beispiel dafür: Angenommen Ihr Arbeitskollege bot Ihnen Unterstützung mit Ihrem Projekt an und hat Sie nun kurzfristig versetzt. Sie sitzen nun wieder alleine mit der Arbeit da, da gerade ein neues Projekt reingekommen sei. Sie sind verständnisvoll und wünschen viel Erfolg für das neue Projekt. Am nächsten Tag hören Sie, dass es gar kein neues Projekt gibt und Ihr Kollege eigentlich Zeit für Sie haben könnte. Was tun Sie nun also? Gehen Sie hin und legen Sie Ihre Beweise offen vor? Nein! Sie fragen, wie das neue Projekt läuft und ob es viel Arbeit sei. Vielleicht bieten Sie sogar Hilfe an. Jetzt wird Ihr Kollege lügen müssen, da schließlich kein neues Projekt existiert. Was könnte die Ausrede Ihres Kollegen sein? Er könnte sagen: »Das Projekt ist leider wieder inaktiv« oder »Ja, das Projekt läuft gut an. Es nimmt einen Großteil meiner Zeit in Anspruch.« Wenn Ihr Kollege die Wahrheit sagt und nun wieder seine Hilfe anbietet, können Sie entsprechend reagieren. Lügt er jedoch, führen Sie Ihre Strategie zur Enttarnung falscher Beweise vor. Eine mögliche Strategie könnte der *Bluff* sein. Sie würden sagen: »Ich war gerade in einem Meeting zu unseren neuen Projekten. An welchem Projekt arbeitest du denn gerade?« Jetzt haben Sie nicht nur geblufft, sondern den Druck massiv erhöht. Sie sagen nicht, dass Sie wissen, dass es gar kein neues Projekt gibt. Sie sagen nur, dass Sie über alle neuen Projekte informiert wurden. Dann schweigen Sie. Dieses Schweigen und die Ungewissheit, ob Sie von dem angeblichen Projekt und der damit verbundenen Lüge wissen, wird für Ihren Arbeitskollegen unerträglich. Streuen Sie dann noch etwas Salz in die Wunde mit den Worten: »Warum warst du eigentlich nicht in dem Meeting?« Nun ist das Geständnis nicht mehr weit.

Es ist ratsam, den Druck auf den Gesprächspartner zu erhöhen. Der Schuldige wird immer Stress empfinden, und die Disharmonien werden deutlich erkennbar sein. Der Unschuldige hingegen wird nicht lügen müssen und gelassen alles erzählen, was er weiß, um seine Unschuld zu beweisen. Bei der Dekodierung ist es ratsam, nach den Techniken Reids vorzugehen und die vorgestellten Fragetechniken zu nutzen. Wer in einer Befragung, ob privater oder geschäftlicher Natur, die meisten Fragen stellt, hat die Oberhand über das Gespräch. Man spricht daher im privaten Umfeld auch vom *versteckten Verhör*, da es im Privatleben in der Hinsicht ja kein echtes Verhör gibt. (Den Gesprächspartner zur Aufdeckung jeder kleinen Lüge in ein Verhörzimmer zu führen, wäre wohl übertrieben.) Nutzen Sie die Techniken der Dekodierung, damit auch Sie an die Wahrheit gelangen und Sie jedem Menschen ein Geständnis entlocken können.

Im Folgenden möchte ich Ihnen zeigen, wie Sie ein Interview vorbereiten können, um die Rahmenbedingungen zu schaffen, unter denen ein Lügner enttarnt werden kann.

Das Interview

*»Wenn ein Mann sich nicht auf seine Chance
vorbereitet hat, macht sie ihn nur lächerlich.«*

Pablo Picasso

Sie führen permanent eine Form des Interviews. Wussten Sie das? Sobald wir Wissen ergattern wollen, Fragen stellen, Dinge und Umstände besser einschätzen und verstehen möchten, führen wir eine Art des Interviews. Ein Bewerbungsgespräch könnte als eine Art des Interviews oder weichen Verhöres bezeichnet werden. Das Interview selbst aber ist weder das eine noch das andere. Wenn wir von einem Interview sprechen, so bezeichnen wir damit ein Gespräch, das die Absicht hat, die Fakten zwischen zwei subjektiven konträren Einschätzungen von mindestens zwei Personen herauszuarbeiten. Ein Gespräch, das das Ziel verfolgt, die Wahrheit zwischen zwei unterschiedlichen Ansichten und Berichten zu enttarnen. Wenn Sie in Ihrem Geschäft Kunden, Lieferanten, Mitarbeiter oder gar Kollegen durchschauen wollen, führen Sie nur selten ein vollständiges Interview. Sie wandeln die Fragetechniken der Dekodierung ab, benutzen diese beiläufig und greifen partiell auf das Wissen aus den vorherigen Kapiteln zurück. So kann jedoch Ihr Verkaufsgespräch, das Meeting mit dem eigenen Team und die Verhandlung durchaus als ein Interview angesehen werden. Die Vorbereitung dieser Gespräche hat höchste Relevanz und muss beharrlich vorbereitet sein.

Wissen soll ja Macht sein. Ich glaube jedoch, dass Wissen nur potenzielle Macht ist. Es kommt auf den Einsatz der Macht an, und wann Sie Ihre Karten ausspielen. In einem Interview werden Ihnen Karten nicht zugespielt. Sie bereiten diese vor! Zur Vorbereitung Ihres Interviews gehört, nicht nur die Zielsetzung und die Rahmenbedingungen für das Gespräch festzulegen, sondern auch die Karten Ihres Gegenübers zu kennen.

Sammeln Sie daher so viele Informationen über Ihren Gesprächspartner, wie Sie nur können. Sammeln Sie private Informationen über das Internet und die sozialen Medien. Hat Ihr Gesprächspartner Kinder oder womöglich vor kurzem geheiratet? Was sind seine Hobbys? Wohin fliegt er gerne in den Urlaub? Durch die sozialen Medien wie LinkedIn, Xing oder Facebook können wir ein ganzes Sortiment an Informationen gewinnen. Tragen Sie diese Informationen in einer Akte zusammen. Finden Sie alles heraus, was Sie im Internet so finden können. Bis auf sehr wenige Ausnahmen finden Sie alles Mögliche zu den Menschen im Internet. Sollten Sie allerhand geschäftliche Informationen über LinkedIn und Xing finden, aber keine privaten Infos ergattern, so liefert Ihnen auch dieser Umstand Informationen. Wer in der heutigen medialen Welt keine privaten Informationen oder Fotos teilt und die sozialen Medien nur für geschäftliche Zwecke verwendet, neigt womöglich eher zur Verschlossenheit oder Zurückhaltung. Sollten Sie weiterhin Kontakte zu verschiedenen Netzwerken haben, können Sie diese ebenfalls gerne anzapfen. Kontakte zur Staatsanwaltschaft, dem Verfassungsschutz oder anderen Behörden können bei sicherheitsrelevanten Fragen von Nutzen sein. Kontakte zu Vereinen oder Verbänden, denen Ihr Gesprächspartner angehört, sind ebenfalls von großem Wert. Weiterhin können Geschäftsdaten wie GuV-Rechnungen, Bilanzen und Veröffentlichungen der Firma Ihres Gesprächspartners von Nutzen sein. Durch die Veröffentlichungspflicht für Kapitalgesellschaften finden Sie im deutschen Bundesanzeiger allerhand Informationen. Auch Schufa oder Bonitätserklärungen können Aufschluss geben. Legen Sie dann mit der Sammlung Ihrer Daten eine strukturierte Akte an. Alternativ können Sie diese auch durch Ihre Bürohilfe oder Sekretärin erstellen lassen. Notieren Sie wahrgenommene Stärken Ihres Partners und vermutliche Schwächen. Bewerten Sie diese daraufhin. Passen

Sie diese Einschätzungen nach den ersten Gesprächen wieder an. Auch berufliche Meilensteine Ihres Gesprächspartners können von Interesse sein. Ihr Gesprächspartner war vor seinem jetzigen Beruf als Soldat verpflichtet? Eigenschaften wie Disziplin, Beharrlichkeit, Tapferkeit und Respekt werden womöglich einen großen Stellenwert für ihn haben. Der Geschäftsführer des Unternehmens, mit dem Sie verhandeln, hat schon als Student in der Fertigung der Firma gearbeitet und blieb dem Unternehmen über 20 Jahre treu? Auch das gibt Ihnen reichliche Informationen über Charaktereigenschaften und die Werte Ihres Gesprächspartners. Vielleicht finden Sie Informationen über eine Mitgliedschaft bei einer politischen Partei oder einem politisch motivierten Verein. Graben Sie alles aus, was Sie finden können. Dazu gehören auch Kontakte über Dritte, die schon mit Ihrem Gesprächspartner gearbeitet haben. Das mag einem zuerst wie ein Analystenjob bei der CIA vorkommen, doch tatsächlich ist die Vorbereitung die Hälfte der Miete. In der Phase der Vorbereitung finden Sie wertvolle Gemeinsamkeiten heraus und entdecken Ungereimtheiten oder Informationen, die Fragen aufkommen lassen. Sie sammeln so vor dem Gespräch selbst die Karten ein und planen dann Ihre Taktik. Im Interview dann spielen Sie diese Karten wie geplant aus oder behalten diese vorab für sich. Verweisen Sie aber ruhig auf die Gemeinsamkeiten durch Hobbys oder Interessen, die Sie vorab herausgefunden haben, um Vertrauen und eine Verbindung aufzubauen.

In einem Verkaufsgespräch mit dem Geschäftsführer eines mittelständischen Unternehmens, mit welchem wir ins Geschäft kommen wollten, sprach dieser mich vor der Verhandlung auf mein erstes Buch an. Er hatte Fragen zu einigen Aussagen, die ich getroffen hatte, und schien großes Interesse an der Materie zu haben. »Da hat wohl jemand seine Hausaufgaben gemacht«, dachte ich mir. Tatsächlich war ich nicht der Einzige am Tisch, der sich vorab informiert und vorbereitet hatte. Dieser Herr hatte sich sogar die Mühe gemacht, mein Buch zu kaufen und teilweise oder ganz zu lesen. Wer solch eine Vorbereitung getroffen hat, dürfte auch noch mehr Informationen gewonnen haben. So oder so wird Ihr Gesprächspartner dies merken und mit großer Sicherheit bewundern. Ihre Vorbereitung spricht für Interesse und Disziplin, denn es braucht oft viel Zeit, um alle Informationen zu sammeln und zu bewerten. Bereiten Sie daher Ihre Interviews und Gespräche immer vor!

Vor einem Bewerbungsgespräch hatte ich einst mit meinem Team wieder eine solche Vorbereitung zusammengetragen. Wir fanden heraus, dass im Lebenslauf des Bewerbers eine Lücke von acht Monaten deutlich zu erkennen war. Er schien über acht Monate hinweg keine feste Anschrift zu haben. Der Bewerber hatte zwar eine feste Arbeit in dieser Zeit gehabt, jedoch war seine Adresse kongruent mit der einer Moschee. Daran ist erst einmal überhaupt nichts auszusetzen. Viele Moscheen bieten Mitgliedern eine Unterstützung an, wenn diese nicht direkt eine Wohnung ergattern. Diese Moschee jedoch, so fanden wir heraus, war beim Bundeskriminalamt und dem Verfassungsschutz bekannt. Offenbar hatte der Staat ein Auge auf diesen Glaubensort, da in dieser Moschee bereits radikale Salafisten ein- und ausgegangen waren. Ich sprach den Bewerber auf die Moschee an und fragte in einem Vorabgespräch per Telefon, ob er Schwierigkeiten habe, eine Wohnung zu finden. Ich traf keine Aussagen zur Moschee selbst. Das Schlucken auf der anderen Seite des Telefons war daraufhin selbst an meinem Ende der Leitung zu hören. Nach einer kurzen Pause gab der Bewerber sich brüskiert, dass ich ihn auf seine Moschee angesprochen hatte. Er legte daraufhin auf.

Erhöhen Sie ruhig den Druck an der einen oder anderen Stelle des Interviews. Führen Sie einen sogenannten *Stresstest* durch, und sprechen Sie Themen an, von denen Sie wissen, dass Ihr Gegenüber diese womöglich gar nicht hören möchte. Dazu gehören unbequeme Fakten über Unternehmenskennzahlen, die Konkurrenz oder Mitarbeiter. Bereiten Sie diese Stresstests gut vor. Dabei können Sie auf die *Heiß-Kalt-Technik* zurückgreifen, in der Sie eine Version von *guter Cop, böser Cop* spielen. Sie erhöhen den Stress auf den Gesprächspartner, um ihn daraufhin direkt wieder zu senken. Dies tun Sie solange, bis der Stresswert eine sichtbare Schwelle erreicht.

In Bewerbungsgesprächen führe ich dazu immer sehr gerne den Labyrinth-Test nach Stanley Porteus in leicht abgewandelter Form durch.[57] Der Bewerber erhält zum Anfang des Bewerbungsgespräches einen Zettel mit einem sehr schwierigen Labyrinth darauf. Daraufhin wird im erklärt, dass es nur einen Ausweg vom Start bis zum Endpunkt des Labyrinths gibt. Er solle mit dem Bleistift am Anfang beginnen und ohne abzusetzen das Ende finden. Der Porteus-Test hat dabei keine zeitliche Beschränkung. Der Bewerber kriegt jedoch in diesem Szenario gesagt, dass er genau 30 Sekunden Zeit hat. Dass das Ganze in 30 Sekunden nur über einen Weg und zwar über den Rand der Seite zu schaffen ist, wird ihm nicht erklärt. Plötzlich fangen die Bewerber an, nervös zu werden. Einige geben auf. Diejenigen, die hinschmeißen, bringen die falsche Arbeitsmoral mit und scheiden sofort aus. Jene, die es versuchen, empfinden nun massiven Stress. Nach dem Labyrinth-Test folgen die *heißen Fragen,* die das Gespräch wieder entspannen. Währenddessen füge ich die *kalten* Fragen mit ein. Die unangenehmen Fragen des Bewerbungsgespräches folgen, solange der Stresspegel noch hoch ist und damit vermeintliche Flunkereien und Lügen besser enttarnt werden können. Ziel soll es sein, herauszufinden, wie viel Druck und Stress der Bewerber ertragen kann für einen Beruf, in dem Rückgrat und Standhaftigkeit extrem wichtig sind. Besonders im Risikomanagement muss die Fachkraft wie auch das Management Ruhe in Stresssituationen beweisen können. Ein Großteil der Bewerber schafft diese Runde nicht. Diejenigen, die es schaffen, erhalten die Möglichkeit, eine Karriere zu starten und Selbstbestimmung und Erfüllung in einem Berufsfeld zu erlangen, das stark wächst.

Begehen Sie niemals den Fehler, vorab gefundene Informationen aus Ihrer Vorbereitung zu ignorieren. Egal wie freundlich und höflich auch ein Interview laufen kann, so sollten niemals die Fakten ignoriert werden. Der gute Glaube an den Menschen oder jegliche Hoffnung sind im Interview völlig fehl am Platz. Konzentrieren Sie sich nur auf die Fakten.

Dieses Ignorieren der Fakten führte einst den saudischen Prinzen Mohammed bin Nayef in eine lebensbedrohliche Lage. Abdullah al-Asiri, Bruder des radikalen Islamisten Ibrahim al-Asiri, hatte sich den saudischen Behörden gestellt und behauptete nun, von verschiedenen Anschlägen zu wissen. Er wollte überlaufen und umfassende Geständnisse abgeben, unter der Bedingung, dass man ihn zum Prinzen Mohammed bin Nayef vorlassen würde. Er werde die geheimen Informationen nur an den Prinzen selbst übermitteln, so seine Aussage. Während des Ramadan ist es in Saudi-Arabien erlaubt, das Königshaus zu besuchen. So kam es, dass die saudischen Behörden heiß auf die Informationen waren und al-Asiri ohne Röntgenkontrollen zum Prinzen vorließen. Vorsichtsmaßnahmen und Fakten wurden gekonnt ignoriert. Abdullahs Bruder Ibrahim zündete daraufhin per Fernzündung den Sprengstoff, den Abdullah sich vorab anal eingeführt hatte. Abdullah al-Asiri wurde durch die Detonation in Stücke gerissen und verletzte den Prinzen nur leicht, da der Körper Abdullahs die Sprengwirkung vollständig aufnahm.

Ich bin mir bewusst, dass dieses Beispiel extrem ist, und zum Glück enden geschäftliche Fehler nicht mit einem Bombenanschlag oder einem Inferno. Sie führen meist zu fehlgeschlagenen Verkaufsgesprächen, dem Verlust von Kunden oder Lieferanten oder dem Verlust von Marktanteilen. Dennoch gilt diese Regel genauso für die Industrie wie für die Sicherheitsbranche. Ignorieren Sie niemals die Fakten unter dem Vorwand des guten Glaubens oder der Hoffnung. Ich weiß, dass dies verdammt schwer ist. Schließlich wollen wir Menschen an das Gute in uns glauben. Das Gute mag auch existieren, doch Fakten zu ignorieren, ist dennoch töricht. Oft führen ignorierte Fakten noch lange danach zu Problemen und Herausforderungen. Falsch eingestellte Bewerber, der nicht zahlende Kunde, nicht liefernde Lieferanten oder das falsche Management können sehr schnell ein Unternehmen mehr als nur Geld kosten. Reputation und Marktanteile stehen immer auf dem Spiel. Verlassen Sie sich daher auf Ihre vorab erstellten Unterlagen und Ihre Vorbereitung.

Nachwort

Jetzt, da Sie das Werkzeug in den Händen halten, um Lügen zu enttarnen, die Wahrheit zu finden und in Gesprächen Täuschungen aufzudecken, gestehe ich es Ihnen. Ich gestehe Ihnen, dass, sobald Sie diese Fähigkeit perfektioniert haben, Sie rund um die Uhr bemerken werden, wie viele Menschen lügen, flunkern und die Wahrheit mit schönen Worten beschreiben. Das hat nicht nur Vorteile, das können Sie mir glauben. Doch, wie bereits am Anfang des Buches erwähnt, ist es Ihre Entscheidung: Wahrheit oder Glück? Niemals beides! Sie stehen vor der, wie ich sie nenne, Matrix-Entscheidung. Ich habe Sie in diesem Buch an der Wahrheit kosten lassen. Jetzt müssen Sie entscheiden, ob Sie die blaue oder die rote Pille nehmen wollen. Die blaue Pille wird Sie weiterhin das Leben mit Scheuklappen erleben lassen. Sie werden sehen, was Sie sehen wollen. Nicht mehr – nicht weniger. Die rote Pille jedoch nimmt Ihnen die Tragik des Lebens und lässt Sie die Wahrheit von der Lüge unterscheiden. Wählen Sie weise, bevor Sie entscheiden und sich weiter über diese Thematik informieren und womöglich zusätzliche Literatur konsumieren und Ihre Fähigkeiten verbessern. Denken Sie daran, dass Lügner einen Grund haben zu lügen. Wir alle lügen. Es ist eine menschliche Gewohnheit, und der Mensch wird durch die Lüge nicht gleich für die Hölle gebrandmarkt. Werfen Sie daher nicht voreilig einem Menschen vor, dass er ein Lügner ist. Bringen Sie dem Menschen nicht noch mehr Schmerz, da Trauer und Schmerz vielleicht sogar der Grund für die Lüge waren. Seien Sie gütig und gnädig mit den Menschen, besonders jetzt, da Sie diese wertvollen Techniken und Strategien zur Wahrheitsfindung erlernt haben. Güte und Gnade sind Charaktereigenschaften großer Persönlichkeiten. Kleine Persönlichkeiten sind hierzu nicht fähig. Zeigen Sie Größe, und nutzen Sie die gewonnenen Fähigkeiten und Ihr neues Wissen, um Menschen zu helfen, sie zu schützen oder um Ihre Ziele zu erreichen.

Sie haben in diesem Buch gelernt, dass Ihre Aufmerksamkeit einer der zwei Grundpfeiler Ihrer Fähigkeit ist, Menschen zu durchschauen und sie zu lesen. Wer achtsam ist, der kann ein Meister darin werden, verräterische Zeichen, Illustratoren, Manipulatoren oder Embleme zu deuten. Durch die Achtsamkeit eröffnet sich Ihnen die Welt der Physiologie und der Körpersprache. Weicht das Verhalten des Menschen von der Basislinie ab, so zeigt sich dies anhand der Physiologie. Ein erhöhter Stresslevel ist hierfür meist ein eindeutiges Zeichen. Der andere Grundpfeiler Ihrer Fähigkeiten ist Ihre emotionale Intelligenz. Sie bestimmt, wie gut Sie Gefühle erkennen und mit diesen umgehen können. Wer seine Gefühle beherrscht, der erlangt die Kontrolle. Sie haben darüber hinaus gelernt, wie Sie auf diese verräterischen Zeichen reagieren können, indem Sie verschiedene Strategien verwenden, um durch die Psychologie das Vertrauen Ihres Gesprächspartners zu erlangen. Zu guter Letzt haben Sie erfahren, wie Sie Ihre Interviews und Gespräche vorbereiten können und diese Strategien und Techniken durch geschickte Fragetechniken im Bereich der Dekodierung kombinieren können, um dann endgültig Ihre Chancen, Lügen zu erkennen, von durchschnittlichen 50 Prozent auf über 90 Prozent zu erhöhen.

Doch was nun? Ich versprach zu Beginn dieses Buches, dass ich Ihnen einen Anreiz geben würde, damit Sie auch weiterhin in sich selbst investieren und Ihre Fähigkeiten zum Durchschauen von Menschen ausbauen. Auf meiner Webseite finden Sie immer wieder kostenlose neue Informationen zur Thematik und können ab und zu die Möglichkeit ergattern, bei einer meiner Reden kostenlos mit im Publikum zu sitzen. Schauen Sie gerne vorbei.

Ich möchte mich zum Schluss bei Ihnen für Ihre Geduld und Zeit mit diesem Buch bedanken und hoffe, Ihnen einen Nutzen gebracht zu haben. Ich hoffe, dass ich Wege weisen, Wissen vermitteln und Sie möglicherweise auch ein kleines Stück inspirieren konnte. Schaffen

Sie Beziehungen und Gespräche voller Vertrauen, Respekt, Anstand und Wert für Ihre Mitmenschen und sich selbst. Verbannen Sie Neid, Hass und Gier aus Ihrem Leben und Ihren Beziehungen. Verzeihen Sie den Menschen, auch wenn diese Sie manchmal anlügen. Besonders jetzt, da Sie die Fähigkeit erlernt haben, Lügen zu enttarnen. Seien Sie geduldig mit sich und Ihren Gesprächspartnern und verurteilen Sie diese nicht zu früh. Wir Menschen machen Fehler und lügen. Wir sind eben Homo sapiens. Daran ist nicht zu rütteln. Doch lassen Sie einen schweren Betrüger oder Lügner niemals mit einer Lüge durchkommen. Machen Sie Gebrauch von Ihrer neu erworbenen Fähigkeit, Menschen zu durchschauen und Lügen zu enttarnen. Seien Sie, wie mein Mentor immer zu mir sagte, »hart in der Sache und weich zum Menschen«.

Gerne dürfen Sie dieses Buch auch mit Ihren Mitmenschen teilen. Über eine respektvolle und ehrliche Bewertung würde ich mich ebenfalls freuen. Bei negativem Feedback, Fragen oder Anmerkungen dürfen Sie mir ebenfalls eine E-Mail schreiben (info@niclaslahmer.de). Besuchen Sie mich gerne auch auf meiner Webseite (www.niclaslahmer.de) oder Kanälen der sozialen Medien, auf welchen ich Gedanken, Eindrücke und Wissen zu vermitteln und zu teilen versuche. Vielleicht sehen wir uns eines Tages auf einer meiner Veranstaltungen oder Reden persönlich, und ich erhalte die Möglichkeit, Sie kennenlernen zu dürfen. Bis dahin wünsche ich Ihnen viel Erfolg in Ihrem Beruf und alles Gute, Liebe, Hoffnung, Vertrauen, Respekt und Gesundheit für Ihr weiteres Leben. Kommen Sie gut an.

Ihr
Niclas Lahmer

Über den Autor

Niclas Lahmer ist ein deutscher Unternehmer, Autor und Vortragsredner. Mit seinem Vortragsstil voller Esprit, Humor, Dynamik und Authentizität begeistert der Top-Speaker seine Zuschauer und motiviert sie, seine Formel für mehr Einfluss, Sicherheit und Erfolg im Beruf und privat effizient und nachhaltig anzuwenden. Niclas Lahmer studierte General Management und International Business an der Cologne Business School in Köln.

Namhafte nationale wie internationale Unternehmen, staatliche Organisationen und das Militär zählen zu seinen Kunden. Für Veranstaltungen buchen vor allem Manager und Entscheidungsträger Niclas Lahmer als Speaker. Egal ob kleine Gruppen oder große Säle, egal ob Kunden- oder Mitarbeiterveranstaltungen, Kick-offs, Kongresse, Events, Symposien oder andere Tagungen, mit seinem profunden Fachwissen und seiner Fähigkeit, andere zu begeistern und zu erstaunen, sorgt Niclas Lahmer für viele Aha-Erlebnisse durch seine Vorträge und erreicht so die Menschen auch in der letzten Stuhlreihe.

Heute lebt Niclas Lahmer bei Baden-Baden.

www.niclaslahmer.de

Danksagung

Dieses Buch ist das Ergebnis von beharrlicher Arbeit und der Unterstützung ganz besonderer Menschen. Ich bedanke mich daher ganz besonders bei meiner Familie. Danke an meinen Vater Reinhard Lahmer für das Wissen und die unendliche Liebe. Du hast mir so viel gezeigt und mir beigebracht, wie Menschen zu lesen sind und was sie unbewusst verraten. Ohne dich wäre ich wohl niemals der Mann, der ich heute bin. Mein Dank gilt auch meiner Mutter für ihre unerschütterliche und unendliche Liebe gegenüber mir und meiner Familie. Du bist mein sicherer Hafen.

Mein Dank und meine Liebe gelten auch der Frau an meiner Seite. Schön, dass es dich gibt. Vielen Dank für die Liebe und Unterstützung.

Ich bedanke mich ebenso bei meinem besten Freund Dominik. Es sind bald 20 Jahre Freundschaft voller Harmonie und Freude. Du bist ein seltenes Geschenk für mich. Ich danke dir für diesen Segen.

Mein Dank richtet sich auch an meinen Mentor Günther Hasel und das Team. Ich bin jeden Tag dankbar, mit einem solch starken Team arbeiten zu dürfen. Sie haben mich aufgenommen und mich gefördert und mit dafür gesorgt, dass ich heute meinen Weg gehen kann und darf. Wir werden auch in der Zukunft gemeinsam weiterhin Maßstäbe setzen. Soviel ist gewiss!

Ein weiterer besonderer Dank geht an Aliona Grigorieva, Laura Randler und Larissa Noujak. Ich danke ebenfalls meinem überaus talentierten Fotografen Thomas, der die Schönheit in allen Momenten findet.

Danke auch an Herrn Michael Wurster, meinem Lektor, und seinem Team für die Geduld und den Glauben an dieses Buch und die Signifikanz der Thematik.

Danke.

Empfohlene Literatur

Vielleicht haben Sie Gefallen an der Materie gefunden und möchten weiterlesen? Gerne empfehle ich Ihnen die folgenden Werke, wenn Sie Ihr Wissen noch vertiefen möchten:

Fast, Julius: *Körpersprache*. Reinbek 1971.

Gladwell, Malcolm: *Überflieger. Warum manche Menschen erfolgreich sind – und andere nicht*. Frankfurt am Main 2010.

Havener, Thorsten: *Ich weiß, was du denkst. Das Geheimnis, Gedanken zu lesen*. Reinbek 2009.

James, Tad; Shephard, David: *Die Magie gekonnter Präsentation. Wie Sie mit Hilfe von NLP Ihr Auftreten optimieren können*. Paderborn 2002.

King, Serge Kahili: *Der Stadt-Schamane. Ein Handbuch zur Transformation durch Huna, das Urwissen der hawaiianischen Schamanen*. Bielefeld 2001.

Mercier, Pascal: *Nachtzug nach Lissabon*. München 2006.

Molcho, Samy: *Körpersprache*. München 2013.

Molcho, Samy: Alles über Körpersprache. *Sich selbst und andere besser verstehen*. München 2001.

Molcho, Samy: *Umarme mich, aber rühr mich nicht an. Die Körpersprache der Beziehungen. Von Nähe und Distanz*. München 2009.

Navarro, Joe: *Menschen lesen. Ein FBI-Agent erklärt, wie man Körpersprache entschlüsselt*. München 2010.

Penn and Teller's: *How to Play in Traffic*. New York 1997.

Wiseman, Richard: *Machen, nicht denken! Die radikal einfache Idee, die Ihr Leben verändert*. Frankfurt am Main 2013.

Quellen

Abagnale, F. W. jr.; Redding, S.: *Catch me if you can: The amazing true story of the youngest and most daring con man in the history of fun and profit*; New York: Grosset & Dunlap, 1980.

Abe, N.; Suzuki, M.; Tsukiura, T.; Mori, E.;Yamaguchi, K.; Itoh, M.; Fujii, T.: »Dissociable roles of prefrontal and anterior cingulated cortices in deception«; in: *Cerebral Cortex*; 2006, 16; S. 192–199.

American Airlines Flight 77 FDR Report (PDF) National Transportation Safety Board. 31. Januar 2002. Archiviert vom Original am 9. April 2008. Abgerufen am 7. Dezember 2018.

Arntzen, F.: Psychologie der Zeugenaussage; Göttingen: Hogrefe, 1970.

Aune, R. K.; Levine, T. R.; Ching, P. U.; Yoshimoto, J. M.: »The influence of perceived source reward value on attributions of deception«; in: *Communication Research Reports*; 1993, 10; S. 15–27.

Bashore, T. R.; Rapp, P. E.: »Are there alternatives to traditional polygraph procedures?«; in: *Psychological Bulletin*; 1993, 113; S. 3–22.

Baumeister, R. F.: »Choking under pressure: Selfconsciousness and paradoxical effects of incentives on skillful performance«; in: *Journal of Personality and Social Psychology*; 1984, 46; S. 610–620.

Baumeister, R. F.; Showers, C. J.: »A review of paradoxical performance effects: Choking under pressure in sports and mental tests«; in: *Journal of Personality and Social Psychology*; 1986, 16; S.361–383.

Benz, J. J.; Anderson, M. K.; Miller, R. L.: »Attributions of deception in dating situations«; in: *The Psychologial Record*; 2005; S. 305–314.

Biddle, W.: »The truth about lie detectors: The deception of detection«; in: *Discover*; März 1986; S. 24–33.

Bond, C. F.; Fahey, W. E.: »False suspicion and the misperception of deceit«; in: *British Journal of Social Psychology*; 1987, 26; S. 41–46.

Bond, C. F.; Kahler, K. N.; Paolicelli, L. M.: »The miscommunication of deception: An adaptive perspective«; in: *Journal of Experimental Social Psychology*; 1985; S. 331-345.

Bond, C. F.; Lee, A. Y.: »Language of lies in prison: Linguistic classification of prisoners' truthful and deceptive natural language«; in: *Applied Cognitive Psychology*; 2005, 13; S. 313-329.

Bond, C. F.; Omar, A.; Mahmoud, A.; Bonser, R. N.: »Lie detection across cultures«; in: *Journal of Nonverbal Behavior*; 1990, 14; S. 189-205.

Brandt, D. R.; Miller, G. R.; Hocking, J. E.: »Effects of self-monitoring and familiarity on deception detection«; in: *Communication Quarterly*; 1980 (b), 28; S. 3-10.

Brandt, D. R.; Miller, G. R.; Hocking, J. E.: »Familiarity and lie detection: A replication and extension«; in: *The Western Journal of Speech Communication*; 1982, 46; S. 276-290.

Brandt, D. R.; Miller, G. R.; Hocking, J. E.: »The truth-deception attribution: Effects of familiarity on the ability of observers to detect deception«; in: *Human Communication Research*; 1980 (a), 6; S. 99-110.

Bull, R.; Rumsey, N.: *The social psychology of facial appearance*; New York: Springer, 1988.

Buller, D. B.; Burgoon, J. K.: »Interpersonal deception theory«; in: *Communication Theory*; 1996, 6; S. 203-242.

Burgoon, J. K.; Buller, D. B.: »Interpersonal deception: III. Effects of deceit on perceived communication and nonverbal dynamics«; in: *Journal of Nonverbal Behavior*; 1994, 18; S. 155-184.

Burgoon, J. K.; Buller, D. B.; Floyd, K.; Grandpre, J.: »Deceptive realities: Sender, receiver, and observer perspectives in deception conversations«; in: *Communication Research*; 1996, 23; S. 724-748.

Burgoon, J. K.; Buller, D. B.; White, C. H.; Afifi, W.; Buslig, A. L. S.: »The role of conversation involvement in deceptive interpersonal interactions«; in: *Personality and Social Psychology Bulletin*; 1999, 25; S. 669-685.

Bursten, B.: »The manipulative personality«; in: Archives of General Psychiatry; 1972, 26; S. 318-321.

Buss, D.; Barnes, M.: »Preferences in human mate selection«; in: *Journal of Personality and Social Psychology*; 1986, 50 (3); S. 559-570.

Bussey, K.: »Children's lying and truthfulness: Implications for children's testimony«; in: *Cognitive and social factors in early deception;* herausgegeben von S. J. Ceci, M. DeSimone Leichtman und M. Putnick; Hillsdale/NJ: Erlbaum, 1992; S. 89-110.

Byrne, R. W.; Whiten, A.: *Machiavellian intelligence: Social expertise and the evolution of intellect in monkeys, apes, and humans;* New York: Oxford University Press, 1988.

Caso, L.; Gnisci, A.; Vrij, A.; Mann, S.: »Process underlying deception: An empirical analysis of truths and lies when manipulating the stakes«; in: *Journal of Interviewing and Offender Profiling;* 2005, 2; S. 195-202.

Ceci, S. J.; Bruck, M.: *Jeopardy in the courtroom: A scientific analysis of children's testimony;* Washington, D.C.: American Psychological Association, 1995.

Ceci, S. J.; DeSimone Leichtman, M.; Putnick, M. (Hrsg.): *Cognitive and social factors in early deception;* Hillsdale/NJ: Erlbaum, 1992.

Central Intelligence Agency: KUBARK. Nachrichtendienstliche Vernehmungen; Übersetzung aus dem Englischen beauftragt durch Ulla Jelpke (MdB), Übersetzer/in und Jahr unbekannt (Download unter: http://www.ulla-jelpke.de/wp content/uploads/2014/11/Kubark.pdf); Langley, 1963.

Central Intelligence Agency: »Counterterrorism and Interrogation Activities (September 2001-October 2003)«; CIA Inspector General; Special Report 2003-7123.IG; Mai 2004.

Cialdini, R. B.: *Influence: science and practice;* 2. Auflage. Glenview, IL: Scott Foresman, 1988.

Cialdini, R. B.; Demaine, L. J.; Sagarin, B. J.; Barrett, D. W.; Rhoads, K.; Winter, P. L.: »Managing social norms for persuasive impact«; in: *Social Influence;* 2006, 11; S. 3-15.

Chandler, M.; Fritz, A. S.; Hala, S.: »Small-scale deceit: Deception as a marker of two-, three-, and four-year-olds' early theories of mind«; in: *Child Development;* 1989, 60; S. 1263-1277.

Cheney, D. L.; Seyfarth, R. M.: *How monkeys see the world;* University of Chicago Press: London, 1990.

Cherry, E. C.: »Some experiments on the recognition of speech, with one and with two ears«; in: *Journal of The Acoustical Society of America;* 1953, 25; S. 975-979.

Cohen, S.; Golan, D.: The interrogation of Palestinians during the intifada: illtreatment, >moderate physical pressure< or torture?; *Jerusalem: The Israeli Information Center for Human Rights in the Occupied Territories*, 1991.

Cohen, S.; Golan, D.: The interrogation of Palestinians during the intifada: follow-up to March 1991 B'TSELEM Report; *Jerusalem: The Israeli Information Center for Human Rights in the Occupied Territories*, 1992.

Cole, P.; Morgan, J. L. (Hrsg.): *Syntax and semantics*; Band 3, Speech acts; New York: Academic Press, 1975.

Clance, P. R.: *The impostor phenomenon: Overcoming the fear that haunts your success*; Atlanta/GA: Peachtree Publishers, 1985.

Clance, P. R.; Imes, S. A.: »The impostor phenomenon in high achieving women: Dynamics and therapeutic intervention«; in: *Psychotherapy: Theory, Research, and Practice*; 1978, 15; S. 241–247.

Cochran, S.; Mays, V. M.: »Sex, lies and HIV«; in: *New England Journal of Medicine*; 1990, 322 (11); S. 774–775.

Colwell, K.; Hiscock, C. K.; Memon, A.: »Interview techniques and the assessment of statement credibility«; in: *Applied Cognitive Psychology*; 2002, 16; S. 287–300.

Colwell, K.; Hiscock-Anisman, C.; Memon, A.; Woods, D.; Michlik, P. M.: »Strategies of impression management among deceivers and truth tellers: How liars attempt to convince«; in: *American Journal of Forensic Psychology*; 2006, 24; S. 31–38.

Conrad, S. W.: »Imposture as a defence«; in: *Tactics and techniques in psychoanalytic therapy*; Bd. 2: Countertransference; herausgegeben von P. L. Giovacchini; New York: Jason Aronson, 1975; S. 413–426.

Craig, R.: *Effects of interviewer behavior on children's statements of sexual abuse*; unveröffentlichtes Manuskript; 1995.

Culbert, S. A.; McDonough, J. J.: »Trusting relationships, empowerment, and the conditions that produce truth telling«; in: *Advances in Organization Development*; herausgegeben von M.F. Norwood; Bd. 2; New Jersey: Ablex Publishers, 1992.

Connors, B.: »Behavioral cues to deception vs topic incriminating potential in criminal confessions«; in: *Law and Human Behavior*; 2005, 29; S. 683–704.

Dent, H.; Flin, R. (Hrsg.): *Children as Witnesses*; Chichester/England: John Wiley & Sons, 1992.

DePaulo, B. M.; Bell, K. L.: »Truth and investment: Lies are told to those who care«; in: *Journal of Personality and Social Psychology*; 1996, 71; S. 703–716.

DePaulo, B. M.; Epstein, J. A.; Wyer, M. M.: »Sex differences in lying: How women and men deal with the dilemma of deceit«; in: *Lying and deception in everyday life*; herausgegeben von M. Lewis und C. Saarni; New York: Guilford Press, 1993; S. 126–147.

DePaulo, B. M.; Jordan, A.: »Age changes in deceiving and detecting deceit«; in: *Development of nonverbal behavior in children*; herausgegeben von R.S. Feldman; New York: Springer, 1982; S. 151–180.

DePaulo, B. M.; Kashy, D. A.; Kirkendol, S. E.; Wyer, M. M.; Epstein, J. A.: »Lying in everyday life«; in: *Journal of Personality and Social Psychology*; 1996, 70 (5); S. 979–995.

DePaulo, B. M.; Kirkendol, S. E.: »The motivational impairment effect in the communication of deception«; in: *Credibility assessment*; herausgegeben von J. Yuille; Dordrecht/Niederlande: Kluwer, 1989; S. 51–70.

DePaulo, B. M.; Lanier, K.,; Davis, T.: »Detecting the deceit of the motivated liar«; in: *Journal of Personality and Social Psychology*; 1983, 45; S. 1096–1103.

DePaulo, B. M.; Lindsay, J. J.; Malone, B. E.; Muhlenbruck, L.; Charlton, K.; Cooper, H.: »Cues to deception«; in: *Psychological Bulletin*; 2003, 129; S. 74–118.

DePaulo, B. M.; Pfeifer, R. L.: »On-the-job experience and skill at detecting deception«; in: *Journal of Applied Social Psychology*; 1986, 16; S. 249–267.

DePaulo, B. M.; Wetzel, C.; Sternglanz, C.; Wilson, M.W.: »Verbal and nonverbal dynamics of privacy, secrecy, and deceit«; in: *Journal of Social Issues*; 2003, 59; S. 391–410.

DePaulo, P. J.; DePaulo, B. M.: »Can deception by salespeople and customers be detected through nonverbal behavioral cues?« in: *Journal of Applied Social Psychology*; 1989, 19; S. 1552–1577.

Dillingham, C.: *Dissecting Pinocchio: How to detect deception in business, life, and love*; Bloomington/Indiana: iUniverse, 2008.

Ekman, P.; Frank, M. G.: »Lies that fail«; in: *Lying and deception in everyday life*; herausgegeben von M. Lewis und C. Saarni; New York: Guilford Press, 1993; S. 184–200.

Ekman, P.; Friesen W. V.: »Hand movements«; in: *Journal of Communication*; 1972, 22; S. 353–374.

Ekman, P.; Davidson, R. J.; Friesen, W. V.: »Emotional expression and brain physiology II: The Duchenne smile«; in: *Journal of Personality and Social Psychology*; 1990, 58; S. 342–353.

Ekman, P.; Friesen, W. V.; O'Sullivan, M.: »Smiles when lying«; in: *Journal of Personality and Social Psychology*; 1988, 54; S. 414–420.

Ekman, P.: »Asymmetry in facial expression«; in: *Science*; 1980, 209; S. 833–836.

Ekman, P.; Friesen, W. V.: »Felt, false, and miserable smiles«; in: *Journal of Nonverbal Behavior*; 1982, 6; S. 238–252.

Ekman, P.; O'Sullivan, M.: »From flawed self-assessment to blatant whoppers: The utility of voluntary and involuntary behavior in detecting deception«; in: *Behavioral Sciences and the Law*; 2006, 24; S. 673–686.

Elaad, E.: »Detection of deception: A transactional analysis perspective«; in: *Journal of Psychology*; 1993, 127; S. 5–15.

Feeley, T. H.; deTurck, M. A.; Young, M. J.: »Baseline familiarity in lie detection«; in: *Communication Research Reports*; 1995, 12; S. 160–169.

Feldman, R. S. (Hrsg.): Development of nonverbal behavior in children; New York: Springer, 1982.

Feldman, R. S.; Forrest, J. A.; Happ, B. R.: »Selfpresentation and verbal deception: Do selfpresenters lie more?«; in: *Basic and Applied Social Psychology*; 2002, 24; S. 163–170.

Fiedler, K.; Walka, I.: »Training lie detectors to use nonverbal cues instead of global heuristics«; in: *Human Communication Research*; 1993, 20; S. 199–223.

Ford, C. V.: *Lies! Lies!! Lies!!! The Psychology of Deceit*; Arlington: American Psychiatric Publishing, 1996.

Ford, C. V.; King, B. H.; Hollender, M. H.: »Lies and liars: psychiatric aspects of prevarication«; in: *American Journal of Psychiatry*; 1988, 145; S. 554–562.

Frank, M. G.; Ekman, P.; Friesen, W. V.: »Behavioral markers and recognizability of the smile of enjoyment«; in: *Journal of Personality and Social Psychology*; 1993, 64 (1); S. 83–93.

Gamer, M.; Rill, H.-G.; Vossel, G.; Gödert, H. W.: »Psychophysiological and vocal measures in the detection of guilty knowledge«; in: *International Journal of Psychophysiology*; 2006, 60; S. 76–87.

Gehlen, A.: *Der Mensch: Seine Natur und seine Stellung in der Welt*; Berlin: Junker & Dünnhaupt, 1940.

Gilbert, D. T.: »How mental systems believe«; in: *American Psychologist*; 1991, 46; S. 107–119.

Giovacchini, P. L.: *Tactics and techniques in psychoanalytic therapy*; New York: Jason Aronson, 1975.

Goldman-Eisler, F.: *Psycholinguistics*; New York: Academic Press, 1968.

Gottschalk, L. A.; Auerbach, A. H. (Hrsg.): *Methods of research in psychotherapy*; New York: Appleton Century Crofts, 1966.

Gozna, L. F.; Vrij, A.; Bull, R.: »The impact of individual differences on lying in everyday life and in a high stake situation«; in: *Personality and Individual Differences*; 2001, 31; S. 1203–1216.

Granhag, P. A.; Strömwall, L. A.; Hartwig, M.: »The SUE-technique: The way to interview to detect deception«; in: *Forensic Update*; 2007, 88; S. 25–29.

Granhag, P. A.; Hartwig, M.: »A new theoretical perspective on deception detection: On the psychology of instrumental mind reading«; in: *Psychology, Crime & Law*; 2008, 14; S. 189–200.

Granhag, P. A.; Strömwall, L. A.: »Repeated interrogations: Verbal and non-verbal cues to deception«; in: *Applied Cognitive Psychology*; 2002, 16; S. 243–257.

Granhag, P. A.; Strömwall, L. A.: *Deception detection in forensic contexts*; Cambridge/England: Cambridge University Press, 2004.

Groth, A. J.: »On the intelligence aspects of personal diplomacy«; in: *Orbis*; 1964, 7; S. 833–848.

Hall, J. A.: *Nonverbal sex differences: Communication accuracy and expressive style*; Baltimore/MD: John Hopkins University Press, 1984.

Haselton, M.; Buss, D.; Oubaid, V.; Angleitner, A.:»Sex, lies, and strategic interference«; in: *Psychology Bulletin*; 2005, 31 (1); S. 3–23.

Hayano, D. M.: »Communicative competency among poker players«; in: *Journal of Communication*; 1980, 30; S. 99–104.

Hayano, D. M.: »Dealing with chance: Self-deception and fantasy among gamblers«; in: *Self-Deception: An adaptive mechanism?*; herausgegeben von J. S. Lockard und D. L. Paulus; Englewood Cliffs/NJ: Prentice Hall, 1988; S. 186–199.

Higgins, E. T.; Herman, C. P.; Zanna, M.: *Social cognition: The Ontario Symposium*; Hillsdale/NJ: Erlbaum, 1981.

Hocking, J. E.; Leathers, D. G.: »Nonverbal indicators of deception: A new theoretical perspective«; in: *Communication Monographs*; 1980, 47; S. 119–131.

Holland, M. K.; Tarlow, G.: »Blinking and mental load«; in: *Psychological Reports*; 1972, 31; S. 119–127.

Honts, C. R.; Raskin, D. C.; Kirchner, J. C.: »Mental and physical countermeasures reduce the accuracy of polygraph tests«; in: *Journal of Applied Psychology*; 1994, 79; S. 252–259.

Hurd, K.; Noller, P.: »Decoding deception: A look at the process«; in: *Journal of Nonverbal Behavior*; 1988, 12; S. 217–233.

Inbau, J. E. Reid, J. P. Buckley (Hrsg.): *Criminal Interrogation and Confessions*; 3. Auflage; Baltimore: Williams and Williams; S. 327–347.

Inbau, F. E.; Reid, J. E.; Buckley, J. P.; Jayne, B. C.: *Criminal Interrogation and Confessions*; 5. Auflage; Burlington: Jones Bartlett Learning, 2013.

Jackson, J. L.; Granhag, P. A.: »The truth or fantasy: The ability of barristers and laypersons to detect deception in children's testimony«; in: *New trends in criminal investigation and evidence*; herausgegeben von J. F. Nijboer und J. M. Reintjes; Lelystad/Niederlande: Koninklijke Vermande B. V., 1997; S. 213–220.

Johnson, M. K.; Raye, C. L.: »Reality monitoring«; in: *Psychological Review*; 1981, 88; S. 67–85.

Jones, E. E.; Sigall, H.: »The bogus-pipeline: A new paradigm for measuring affect and attitude«; in: *Psychological Bulletin*; 1971, 76; S. 349–364.

Kashy, D. A.; DePaulo, B. M.: »Who lies?«; in: *Journal of Personality and Social Psychology*; 1996, 70; S. 1037–1051.

Kassin S. M.; Norwick R. J.: »Why people waive their Miranda rights: The power of innocence«; in: *Law and Human Behavior*; 2004, 28 (2); S. 211–221.

Kassin, S. M.: »On the psychology of confessions: Does innocence put innocents at risk?«; in: *American Psychologist*; 2005, 52; S. 221–233.

Kassin, S. M.; Gudjonsson, G. H.: »The psychology of confession evidence: A review of the literature and issues«; in: *Psychological Science in the Public Interest*; 2004, 5; S. 33–67.

Keenan, J. P.; Gallup, G.; Goulet, N.; Kulkarni, M.: »Attributions of deception in human mating strategies«; in: *Journal of Social Behavior and Personality*; 1997, 12; S. 45–52.

Kennedy, J.; Bakst, T.: »The influence of emotions on the outcome of cardiac surgery: A predictive study«; in: *Bulletin of the New York Academy of Medicine*; 1966, 42 (10); S. 811–845.

King, B.: *The lying ape: An honest guide to a world of deception*; Cambridge: Icon Books, 2006.

Kleiner, M.: *Handbook of polygraph testing*; San Diego/CA: Academic Press, 2002.

Kleinke, C. L.: »Gaze and eye contact: A research review «; in: *Psychological Bulletin*; 1986, 100; S. 78–100.

Kleinmuntz, B.; Szucko, J. J.: »Lie detection in ancient and modern times: A call for contemporary scientific study«; in: *American Psychologist*; 1984, 39; S. 766–776.

Köhnken, G.; Schimossek, E.; Aschermann, E.; Hofer, E.: »The cognitive interview and the assessment of the credibility of adults' statements«; in: *Journal of Applied Psychology*; 1995, 80; S. 671–684.

Köhnken, G.: »A German perspective on children's testimony«; in: *Children's Testimony: A Handbook of Psychological Research and Forensic Practice*; herausgegeben von H. L. Westcott, G. M. Davies und R. H. C. Bull; Chichester/England: John Wiley & Sons, 2002; S. 233–244.

Kraut, R.; Poe, D.: »Behavioral roots of person perception: The deception judgments of custom inspectors and laymen«; in: *Journal of Personality and Social Psychology*; 1980, 39; S. 784–798.

LaFreniere, P.: »The ontogeny of tactical deception in humans«; in: *Machiavellian intelligence: Social expertise and the evolution of intellect in monkeys, apes, and humans*; herausgegeben von R. W. Byrne und A. Whiten; New York: Oxford University Press, 1988; S. 238–252.

Landström, S.; Granhag, P. A.; Hartwig, M.: »Children appearing live vs. on video: Effects on adults' perception, assessment and memory«; in: *Legal and Criminological Psychology*; 2007, 12; S. 333–347.

Landström, S.; Granhag, P. A.; Hartwig, M.: »Witnesses appearing live vs. on video: How presentation format affects observers' perception, assessment and memory«; in: *Applied Cognitive Psychology*; 2005, 19; S. 913–933.

Larson, J.: *Lying and its detection: A study of deception and deception tests*; Chicago: University of Chicago Press, 1932.

Leal, S.: *Central and peripheral physiology of attention and cognitive demand: Understanding how brain and body work together*; Inauguraldissertation an der University of Portsmouth, 2005.

Leo, R. A.: »Inside the interrogation room«; in: *Journal of Criminal Law and Criminology*; 1996, 86; S. 266–303.

Lerner, M. J.: *The belief in a just world: A fundamental delusion*; New York: Plenum Press, 1980.

Lewis, M.: »The development of deception«; in: *Lying and deception in everyday life*; herausgegeben von M. Lewis und C. Saarni; New York: Guilford Press, 1993; S. 90–105.

Lewis, M.; Saarni, C.: *Lying and deception in everyday life*; New York: Guilford Press, 1993.

Lieberman, D.: *Never be lied to again: How to get the truth in 5 minutes or less in any conversation or situation*; New York: St. Martin's Griffin, 1999.

Lindsay, D. S.: »Children's source monitoring«; in: *Children's testimony. A handbook of psychological research and forensic practice*; herausgegeben von H. L. Westcott, G. M. Davies, R. H. C. Bull; Chichester/England: John Wiley & Sons, 2002; S. 83–98.

Lockard, J. S.; Paulus, D. L.: *Self-deception: An adaptive mechanism?*; Englewood Cliffs/NJ: Prentice Hall, 1988.

Loftus, E. F.; Ketcham, K.: *Die therapierte Erinnerung. Vom Mythos der Verdrängung bei Anklagen wegen sexuellen Missbrauchs*; Hamburg: Verlag Ingrid Klein, 1995.

Loftus, E. F.; Loftus, G. R.: »On the permanence of stored information in the human brain«; in: *American Psychologist*; 1980, 35; S. 409–420.

Loftus, E. F.; Palmer, J. C.: »Reconstruction of automobile destruction«; in: *Journal of Verbal Learning and Verbal Behavior*; 1974, 13; S. 585–589.

Lykken, D. T.: »The validity of the guilty knowledge technique: The effects of faking«; in: *Journal of Applied Psychology*; 1960, 44; S. 258–262.

Mann, S.; Vrij, A.; Bull, R.: »Detecting true lies: Police officers' ability to detect suspects' lies«; in: *Journal of Applied Psychology*; 2004, 89; S. 137–149.

Manstead, A. S. R.; Wagner, H. L.; MacDonald, C. J.: »Deceptive and non-deceptive communications: Sending experience, modality, and individual abilities«; in: *Journal of Nonverbal Behavior*; 1986, 10; S. 147–167.

McCornack, S. A.; Parks, M. R.: »What women know that men don't: Sex differences in determining truth behind deceptive messages«; in: *Journal of Social and Personal Relationships*; 1990, 7; S. 107–118.

McLoughlin, M.; Sheier, J. L.; Witkin, G.: »A nation of liars?«; in: *U.S. News and World Report vom 23. Februar 1987*; S. 54–59.

Miller, G.; deTurck, M.; Kalbfleisch, P.: »Self-monitoring, rehearsal, and deceptive communication«; in: *Human Communication Research*; 1983, 10; S. 97–117.

Nakayama, M.: »Practical use of the concealed information test for criminal investigation in Japan«; in: *Handbook of polygraph testing*; herausgegeben von M. Kleiner; San Diego: Academic Press, 2002; S. 49–86.

Nasher, J.: Entlarvt. *Wie Sie in jedem Gespräch an die ganze Wahrheit kommen*; in: Campus Verlag. Frankfurt. New York; S.12

Newman, M. L.; Pennebaker, J. W.; Berry, D. S.; Richards, J. N.: »Lying words: Predicting deception from linguistic styles«; in: *Personality and Social Psychology Bulletin*; 2003, 29; S. 665–675.

Nijboer, J. F.; Reintjes, J. M. (Hrsg.): *New trends in criminal investigation and evidence*; Lelystad/Niederlande: Koninklijke Vermande B.V., 1997.

Norwood, M. F. (Hrsg.): *Advances in organization development*; New Jersey: Ablex, 1992.

Novack, D. H.; Detering, B. J.; Arnold, R.; Forrow, L.; Ladinsky, M.; Pezzullo, J. C.: »Physicians' attitudes toward using deception to resolve difficult ethical problems«; in: *Journal of the American Medical Association*; 1989, 261 (20); S. 2980–2985.

Ofshe, R.; Watters, E.: *Die missbrauchte Erinnerung. Von einer Therapie, die Väter zu Tätern macht*; München: Deutscher Taschenbuch Verlag, 1996.

Ofshe, R. J.; Leo, R. A.: »The decision to confess falsely: Rational choice and irrational action«; in: *Denver University Law Review*; 1997, 74; S. 979–1112.

Ost, J.; Vrij, A.; Costall, A.; Bull, R.: »Crashing memories and reality monitoring: Distinguishing between perceptions, imaginings and false memories«; in: *Applied Cognitive Psychology*; 2002, 16; S. 125–134.

O'Sullivan, M.; Ekman. P.; Friesen, W. V.: »The effect of comparisons on detecting deceit«; in: *Journal of Nonverbal Behavior*; 1988, 12; S. 203–215.

Park, H. S.; Levine, T. R.: »A probability model of accuracy in deception detection experiments«; in: *Communication Monographs*; 2001, 68; S. 201–210.

Park, H. S.; Levine, T. R.; McCornack, S. A.; Morrison, K.; Ferrara, M.: »How people really detect lies«; in: *Communication Monographs*; 2002, 69 (2); S. 144–157.

Pavlidis, I.; Eberhardt, N. L.; Levine, J. A.: »Erratum: Human behavior: Seeing through the face of deception«; in: *Nature*; 415 (6872); S. 602.

Pavlidis, I.; Eberhardt, N. L.; Levine, J. A.: »Human behavior: Seeing through the face of deception«; in: *Nature*; 415 (6872); S. 35.

Trankell; *Stockholm*: Norstedt & Soners, 1982; S. 319–371.

Raskin, D. C.; Honts, C. R.: »The comparison question test«; in: *Handbook of polygraph testing*; herausgegeben von M. Kleiner; San Diego: Academic Press, 2002; S. 1–47.

Reddy, V.: »Getting back to the rough ground: Deception and social living«; in: *Philosophical Transactions of the Royal Society of London*; 2007.

Reid, J. E.; Buckle, J. P.; Jayne, B. C.; Inbau, F. E.: *Essentials of the Reid Technique: Criminal interrogations and confessions*; Sudbury /MA: Jones & Bartlett, 2004.

Reis, H. T.; Senchak, M.; Solomon, B.: »Sex-differences in the intimacy of social interaction – further examination of potential explanations«; in: *Journal of Personality and Social Psychology*; 1985, 48 (5); S. 1204–1217.

Riggio, R.; Friedman, H. S.: »Individual differences and cues to deception«; in: *Journal of Personality and Social Psychology*; 1983, 45; S. 899–915.

Robinson, W. P.; Shepherd, A.; Heywood, J.: »Truth, equivocation / concealment, and lies in job applications and doctor-patient communication«; in: *Journal of Language and Social Psychology*; 1998, 17; S. 149–164.

Rosenthal, R.; DePaulo, B. M.: »Sex differences in eavesdropping on nonverbal cues«; in: *Journal of Personality and Social Psychology*; 1979, 37; S. 273–285.

Rotenberg, K. J.; Simourd, L.; Moore, D.: »Children's use of the verbal-nonverbal consistency principle to infer truth and lying«; in: *Child Development*; 1989, 60; S. 309–322.

Rowatt, W.; Cunningham, M.; Druen, P.: »Deception to get a date«; in: *Personality and Social Psychology Bulletin*; 1998, 24; S. 1228–1244.

Ruby, C. L.; Brigham, J. C.: »The usefulness of the criteria-based content analysis technique in distinguishing between truthful and fabricated allegations«; in: *Psychology*, Public Policy & Law; 1997, 3; S. 705–737.

Saarni, C.: »Children's understanding of display rules for expressive behaviour«; in: *Developmental Psychology*; 1979, 15; S. 424–429.

Sagarin, B. J.; Rhoads, K. v. L.; Cialdini, R. B.: »Deceiver's distrust: Denigration as a consequence of undiscovered deception«; in: *Personality and Social Psychology Bulletin*; 1998, 24; S. 1167–1176.

Self, R. (Hrsg.): *The Neville Chamberlain diary letters; Volume 4: The Downing Street Years*, 1934–40; Aldershot: Ashgate, 2005.

Siegman, A. W.; Reynolds, M. A.: »Self-monitoring and speech in feigned and unfeigned lying«; in: *Journal of Personality and Social Psychology*; 1983, 45; S. 1325–1333.

Sitton, S. C.; Griffin, S. T.: »Detection of deception from clients' eye contact patterns«; in: *Journal of Counseling Psychology*; 1981, 28; S. 269–271.

Snyder, M.; Cantor, N.: »Testing hypotheses about other people: The use of historical knowledge«; in: *Journal of Experimental Social Psychology*; 1979, 15; S. 330-342.

Steller, M.; Boychuk, T.: »Children as witnesses in sexual abuse cases: Investigative interview and assessment techniques«; in: *Children as witnesses*; herausgegeben von H. Dent und R. Flin; Chichester/England: John Wiley & Sons, 1992; S. 47-71.

Steller, M.; Köhnken, G.: »Criteria-based statement analysis«; in: *Psychological methods for investigation and evidence*; herausgegeben von D. C. Raskin; New York: Springer, 1989; S. 217-245.

Stern, J. A.; Walrath, L. C.; Goldstein, R.: »The endogenous eyeblink«; in: *Psychophysiology*; 1984, 21; S. 22-33.

Stiff, J. B.; Corman, S. R.; Snyder, E.; Krizek, R. L.: »Individual differences and changes in nonverbal behavior: Unmasking the changing faces of deception«; in: *Communication Research*; 1994, 21 (5); S. 555-581.

Stouthamer-Loeber, M.: »Lying as a problem behavior in children: A Review«; in: *Clinical Psychology Review*; 1986, 6; S. 267-289.

Strömwall, L. A.; Hartwig, M.; Granhag, P. A.: »To act truthfully: Nonverbal behavior and strategies during a police interrogation«; in: *Psychology, Crime & Law*; 2006, 12; S. 207-219.

Tyler, J. M.; Reichert, A.; Feldman, R. S.: »The price of deceptive behavior: Disliking and lying to people who lie to us«; in: *Journal of Experimental Social Psychology*; 2006, 42; S. 69-77.

Undeutsch, U.: »Beurteilung der Glaubhaftigkeit von Aussagen«; in: *Handbuch der Psychologie*; herausgegeben von U. Undeutsch; Bd. 2: Forensische Psychologie; Göttingen: Hogrefe, 1967; S. 26-81.

Undeutsch, U. (Hrsg.): *Handbuch der Psychologie*; Göttingen: Hogrefe, 1967.

Vrij, A.; Akehurst, L.; Soukara, S.; Bull, R.: »Detecting deceit via analyses of verbal and nonverbal behavior in children and adults«; in: *Human Communication Research*; 2004, 30 (1); S. 8-41.

Vrij, A.; Akehurst, L.; Soukara, S.; Bull, R.: »Will the truth come out? The effect of deception, age, status, coaching, and social skills on CBCA scores«; in: *Law and Human Behavior*; 2002, 26; S. 261-283.

Vrij, A.; Edward, K.; Bull, R.: »Stereotypical verbal and nonverbal responses while deceiving others«; in: *Personality and Social Psychology Bulletin*; 2001, 27; S. 899–909.

Vrij, A.; Mann, S.; Fisher, R.; Leal, S.; Milne, B.; Bull, R.: »Increasing cognitive load to facilitate lie detection: The benefit of recalling an event in reverse order«; in: *Law and Human Behavior*; 2008, 32; S. 253–265.

Vrij, A.; Mann, S.; Fisher, R.: »Information-gathering vs accusatory interview style: Individual differences in respondents' experiences«; in: *Personality and Individual Differences*; 2006, 41; S. 589–599.

Vrij, A.; Semin, G. R.; Bull, R.: »Insight into behavior during deception«; in: *Human Communication Research*; 1996, 22 (4); S. 544–562.

Vrij, A.; Lochun, S.: »Neuro-linguistic programming and the police: Worthwhile or not?«; in: *Journal of Police and Criminal Psychology*; 1997, 12; S. 25–31.

Vrij, A.; Mann, S.: »Criteria-Based Content Analysis: An empirical test of its underlying processes«; in: *Psychology, Crime & Law*; 2006, 12; S. 337–349.

Vrij, A.; Mann, S.: »Detecting deception: The benefit of looking at a combination of behavioral, auditory and speech content related cues in a systematic manner«; in: *Group Decision and Negotiation*; 2004, 13; S. 61–79.

Vrij, A.; Mann, S.: »Telling and detecting lies in a high-stake situation: The case of a convicted murderer«; in: *Applied Cognitive Psychology*; 2001, 15; S. 187–203.

Anmerkungen

1 American Airlines Flight 77 FDR Report

2 Nicht veröffentlichte Auszüge aus Trainingsmaterialien von Kontrollkräften für Fracht und Post gemäß § 9 LuftSiG

3 http://news.bbc.co.uk/2/hi/americas/1783237.stm

4 DePaulo, B. M.; Kirkendol, S. E.: »The motivational impairment effect in the communication of deception«; in: Credibility assessment; herausgegeben von J. Yuille; Dordrecht/Niederlande: Kluwer, 1989; S. 51–70.

5 Feldman, R. S.; Forrest, J. A.; Happ, B. R.: »Selfpresentation and verbal deception: Do selfpresenters lie more?«; in: Basic and Applied Social Psychology; 2002, 24; S. 163–170.

6 https://www.welt.de/gesundheit/psychologie/article106292192/Die-ganze-Wahrheit-ueber-das-Luegen.html

7 DePaulo, B. M.; Pfeifer, R. L.: »On-the-job experience and skill at detecting deception«; in: Journal of Applied Social Psychology; 1986, 16; S. 249–267.

8 Kraut, R.; Poe, D.: »Behavioral roots of person perception: The deception judgments of custom inspectors and laymen«; in: Journal of Personality and Social Psychology; 1980, 39; S. 784–798.

9 Cochran, S.; Mays, V. M.: »Sex, lies and HIV«; in: New England Journal of Medicine; 1990, 322 (11); S. 774–775.

10 Ekman, P.; Friesen, W. V.; O'Sullivan, M.: »Smiles when lying«; in: Journal of Personality and Social Psychology; 1988, 54; S. 414–420.

11 Robinson, W. P.; Shepherd, A.; Heywood, J.: »Truth, equivocation /concealment, and lies in job applications and doctor-patient communication«; in: Journal of Language and Social Psychology; 1998, 17; S. 149–164.

12 Ekman, P.; Friesen, W. V.: »Felt, false, and miserable smiles«; in: Journal of Nonverbal Behavior; 1982, 6; S. 238–252.

13 Gallup Engagement Index 2014

14 S. Freud: Neue Folge der Vorlesungen zur Einführung in die Psychoanalyse. Studienausgabe. Band 1, 5. Auflage. Frankfurt am Main 1974, S. 516.

15 http://www.spiegel.de/wissenschaft/mensch/psychologie-warum-menschen-luegen-a-1059853.html

16 Subic-Wrana, C.; Bruder, S.; Thomas, W.; Lane, R. D.; Köhle, K. (2005). »Emotional awareness deficits in inpatients of a psychosomatic ward: a comparison of two different measures of Alexithymia<<; in: Psychosomatic Medicine: Mai--Juni 2005, 67/3; S. 483–489

17 Cialdini, R. B.; Demaine, L. J.; Sagarin, B. J.; Barrett, D. W.; Rhoads, K.; Winter, P. L.: »Managing social norms for persuasive impact«; in: Social Influence; 2006, 11; S. 3–15.

18 Miller, G.; deTurck, M.; Kalbfleisch, P.: »Self-monitoring, rehearsal, and deceptive communication«; in: Human Communication Research; 1983, 10; S. 97–117.

19 DePaulo, B. M.; Pfeifer, R. L.: »On-the-job experience and skill at detecting deception«; in: Journal of Applied Social Psychology; 1986, 16; S. 249–267

20 Ekman, P.: »Asymmetry in facial expression«; in: Science; 1980, 209; S. 833–836.

21 Ekman, P.; Friesen, W. V.: »Felt, false, and miserable smiles«; in: Journal of Nonverbal Behavior; 1982, 6; S. 238–252.

22 W. Arnold, H. J. Eysenck, R. Meili: Lexikon der Psychologie. Herder, Freiburg im Breisgau u. a. 1993, S. 2454.

23 O'Sullivan, M.; Ekman. P.; Friesen, W. V.: »The effect of comparisons on detecting deceit«; in: Journal of Nonverbal Behavior; 1988, 12; S. 203–215.

24 Mackey,C.; Mller, G.: The Interrogator's War – Inside the secret war against al Qaeda; London: John Murray, 2004. S. 331

25 Kassin, S. M.; Gudjonsson, G. H.: »The psychology of confession evidence: A review of the literature and issues«; in: Psychological Science in the Public Interest; 2004, 5; S. 33–67.

26 Ekman, P.; Frank, M. G.: »Lies that fail«; in: Lying and deception in everyday life; herausgegeben von M. Lewis und C. Saarni; New York: Guilford Press, 1993; S. 184–200.

27 Höffe, O. (1985): »Autonomy and universalization as moral principles: A dispute with Kohlberg, Utilitarianism and discourse ethics«; in: M. Berkowitz & F. Oser (Hrsg.): Moral education: Theory and application. Hillsdale, NJ: Erlbaum, S. 89–108.

28 Vrij, A.; Mann, S.; Fisher, R.; Leal, S.; Milne, B.; Bull, R.: »Increasing cognitive load to facilitate lie detection: The benefit of recalling an event in reverse order«; in: Law and Human Behavior; 2008, 32; S. 253–265.

29 Clance, P. R.: The impostor phenomenon: Overcoming the fear that haunts your success; Atlanta/GA: Peachtree Publishers, 1985. S. 12–29.

30 Lykken, D. T.: »The validity of the guilty knowledge technique: The effects of faking«; in: Journal of Applied Psychology; 1960, 44; S. 258–262.

31 Ekman, P.: »Asymmetry in facial expression«; in: Science; 1980, 209; S. 833–836.

32 Hall, Edward T.: Die Sprache des Raumes. Düsseldorf 1976. S. 118 f.

33 Morris, D. (1985). Bodywatching. New York: Crown Publishers. Deutsche Ausgabe: Körpersignale. Bodywatching. München: Heyne (1986). S. 245

34 Navarro J. (2008). Menschen lesen: Ein FBI Agent erklärt, wie man Körpersprache entschlüsselt, München, MVG Verlag. S. 81

35 Lykken, D. T.: »The validity of the guilty knowledge technique: The effects of faking«; in: Journal of Applied Psychology; 1960, 44; S. 258–262.

36 Havener, T. (2009). Ich weiß, was du denkst. Rowohlt Taschenbuch Verlag. S. 85

37 Abagnale, F. W. jr.; Redding, S.: Catch me if you can: The amazing true story of the youngest and most daring con man in the history of fun and profit; New York: Grosset & Dunlap, 1980.

38 Grinder, J., & Bandler, R. (1979). Frogs into Princes: Neuro Linguistic Programming. Moab, UT: Real People Press. S.122ff

39 Grinder, J., & Bandler, R. (1979). Frogs into Princes: Neuro Linguistic Programming. Moab, UT: Real People Press. S.122ff

40 Nasher, J.: Entlarvt. Wie Sie in jedem Gespräch an die ganze Wahrheit kommen. Campus Verlag. Frankfurt. New York; S.13

41 Nasher, J.: Entlarvt. Wie Sie in jedem Gespräch an die ganze Wahrheit kommen. Campus Verlag. Frankfurt. New York; S.13
Nasher, J.: Entlarvt. Wie Sie in jedem Gespräch an die ganze Wahrheit kommen. Campus Verlag. Frankfurt. New York; S.14

42 https://de.wikipedia.org/wiki/Reid-Methode

43 Kassin, S. M.; Gudjonsson, G. H.: »The psychology of confession evidence: A review of the literature and issues«; in: Psychological Science in the Public Interest; 2004, 5; S. 33–67.

44 Nasher, J.: Deal. Du gibst mir was ich will. Campus Verlag. Frankfurt. New York; S.203 ff

45 Nasher, J.: Entlarvt. Wie Sie in jedem Gespräch an die ganze Wahrheit kommen. Campus Verlag. Frankfurt. New York; S.14

46 Reid, J. E.; Buckle, J. P.; Jayne, B. C.; Inbau, F. E.: Essentials of the Reid Technique: Criminal interrogations and confessions; Sudbury /MA: Jones & Bartlett, 2004. S.11ff

47 Nasher, J.: Entlarvt. Wie Sie in jedem Gespräch an die ganze Wahrheit kommen. Campus Verlag. Frankfurt. New York; S.12

48 Manstead, A. S. R.; Wagner, H. L.; MacDonald, C. J.: »Deceptive and non-deceptive communications: Sending experience, modality, and individual abilities«; in: Journal of Nonverbal Behavior; 1986, 10; S. 147–167

49 https://nsarchive2.gwu.edu/NSAEBB/NSAEBB27/docs/doc01.pdf

50 Manstead, A. S. R.; Wagner, H. L.; MacDonald, C. J.: »Deceptive and non-deceptive communications: Sending experience, modality, and individual abilities«; in: Journal of Nonverbal Behavior; 1986, 10; S. 147–167

51 Reid, J. E.; Buckle, J. P.; Jayne, B. C.; Inbau, F. E.: Essentials of the Reid Technique: Criminal interrogations and confessions; Sudbury/MA: Jones & Bartlett, 2004. S. 181

52 Reid, J. E.; Buckle, J. P.; Jayne, B. C.; Inbau, F. E.: Essentials of the Reid Technique: Criminal interrogations and confessions; Sudbury/MA: Jones & Bartlett, 2004. S.137 ff

53 Central Intelligence Agency: KUBARK. Nachrichtendienstliche Vernehmungen; Übersetzung aus dem Englischen beauftragt durch Ulla Jelpke (MdB), Übersetzer/in und Jahr unbekannt (Download unter: http://www.ulla-jelpke.de/wp content/uploads/2014/11/Kubark.pdf); Langley, 1963.

54 Miller, G.; deTurck, M.; Kalbfleisch, P.: »Self-monitoring, rehearsal, and deceptive communication«; in: Human Communication Research; 1983, 10; S. 97–117.

55 Hayano, D. M.: »Communicative competency among poker players«; in: Journal of Communication; 1980, 30; S. 99–104.

56 Reid, J. E.; Buckle, J. P.; Jayne, B. C.; Inbau, F. E.: Essentials of the Reid Technique: Criminal interrogations and confessions; Sudbury/MA: Jones & Bartlett, 2004.

57 Porteus S., The Porteus maze test and intelligence, Pacific Books, Palo Alto, Calif., 1950. S. 56

Stichwortverzeichnis

08/15-Arbeitsmoral 26

A
Abdullah al-Asiri 164
Achtsamkeit 30, 32, 35-48, 88 f., 166,
Al-Qaida 9
Alexithymie 44 f.
Automatismus 20, 33, 35, 39

B
Baby-Face 14
Backster, Cleve 146
Bluff 85, 149, 151, 156
Borbonus, René 55

C
Christian-Wulff-Affäre 152
Ciaramicoli, Arthur 49
Cochran, Susan 15
Curriculum 28

D
Dekodierung 24, 32, 132, 135 f., 157, 159, 166,
DePaulo, Bella 12 f., 70,
Digitalisierung 15

Dominanz 62, 64, 69, 95, 98, 101, 104 ff.
Due Diligence 114

E
Ekman, Paul 16, 49, 70 ff., 82, 117
Empathie 26, 30–32, 43–53, 70, 72,
Empirie 28, 52

F
Facebook 25, 160
Fake Smile 93, 117
Fanatismus 18
Finanzielle Intelligenz 51
Freud, Sigmund 23
Führungskraft 21, 52

G
Gauche-Effekt 74, 76
Gandhi, Mahatma 69
Gesprächsführung 21, 24
Gewohnheit 39, 91, 165
Gießkannenprinzip 27
Goleman, Daniel 44
Google 37

H
Heiliges Land 60
Homöostase 80, 84

I
Interview 85, 94, 109, 125, 136, 138, 140 ff., 157, 159–167
Impostor-Syndrom 83
Individualdistanz 95
Intuition 27–29, 41, 46, 49, 131

K
Körpersprache 94 ff., 100, 102, 111, 113 f., 142 f., 166,
Kommunikation 24, 38, 135
Korruption 15
Kraut, Robert 14
KUBARK 139 ff.

L
Lewinsky 145
Loyalität 14, 18
LSD 35

M
Mackey, Chris 59 f., 77, 81, 147
Mays, Vickie 15
Misstrauen 18
Motivation 23, 27

N
Nasher, Jack 137f.
Nietzsche 11 f.
NLP 74

O
Othello 82 f.

P
Personalmanagement 21
Pfeifer, Roger 13, 70
Physiologie 30–32, 56, 70, 72, 82, 87 f., 95, 129, 132, 135, 153, 166
Pilcher, Rosamunde 52
Poe, Donald 14
Porteus-Test 163
Psychologie 30 ff., 52, 55 f., 70, 72, 87, 131, 135, 137 f., 143, 166

R
Reid, Richard 10, 135–143, 157
Robinson, W. P. 16

S
Sicherheitspersonal 16
Signifikanz 58–61, 69
Simon & Garfunkel 129
Small Talk 17
Social Responsibility 20

Subic-Wrana 44
Sunk Costs 19
Sympathie 12 49

T
Territorialer Imperativ 95
Terrorismus 9, 18

V
Vorstellungsgespräch 11, 16
Verschleierung 11
Visuelle Konstruktion 131

W
Watzlawick, Paul 25

Z
Zufriedenheit 17, 38, 47, 72, 85, 117 f., 123

Wer sich nicht wehrt, lebt verkehrt!

Vielen Menschen geht es ähnlich: sie fühlen sich wie ein Hamster im Laufrad und sind obendrein mit Arschloch-Chefs und Kollegenschweinen gestraft, die ihnen das Arbeitsleben zur Hölle machen. Da kann doch kein Mensch vernünftig arbeiten! Wer beim Gedanken an den Wahnsinn in unserem Arbeitsalltag bereits von Mordgelüsten geplagt wird, der hält hiermit das richtige Buch in seinen Händen!

Klaus Schuster liefert bestechend einfache und effektive Anti-Arschloch-Strategien, mit denen man sich bestens gegen den Querulanten-Chef, die Mobber-Kollegen und andere Störfaktoren im Arbeitsalltag zur Wehr setzen kann. Ein Buch für alle, die zukünftig mit mehr Gelassenheit zur Arbeit gehen wollen!

304 Seiten
Softcover
17,99 € (D) | 18,50 € (A)
ISBN 978-3-86881-718-8

www.redline-verlag.de

REDLINE | VERLAG

Die Kunst, besser zu denken

Jeder ist in der Lage, seine Gehirnleistung zu optimieren – mit den richtigen Techniken. In *Konzentriert denken* erklärt Friedhelm Schwarz, wie wir unsere Denkleistung steigern können, indem wir Unterbewusstes bewusst nutzen und richtig einsetzen. Das Unterbewusstsein funktioniert dabei ähnlich wie Google: Wenn man ein Suchwort eingibt, liefert es erstaunlich gute Ergebnisse, aber man muss es vorher effizient machen.

Friedhelm Schwarz zeigt, wie wir etwa mit der neu entwickelten Brainword-Methode bestehende Muster im Kopf verändern und neue Denkprozesse in Gang setzen können. Schließlich ist Denken nicht anders als Sport oder Musizieren – je mehr man übt, desto besser wird man.

224 Seiten
Softcover
19,99 € (D) | 20,60 € (A)
ISBN 978-3-86881-730-0

www.redline-verlag.de

REDLINE | VERLAG

Verhandeln wie ein Profi

Über viele Jahre war Chris Voss beim FBI als Verhandlungsführer bei Geiselnahmen aktiv. Er verhandelte mit einer Vielzahl von Kriminellen wie Bankräubern und Terroristen. In seinem Buch führt der Experte für Extremsituationen die Leser in die Welt der knallharten Verhandlungen ein. Und zeigt, worauf es ankommt, wenn es ums Ganze geht. Das Leben besteht schließlich aus Verhandlungen, auf die man besser gut vorbereitet ist: angefangen beim Autokauf, über Gehalts- oder Mietverhandlungen, berufliche Verhandlungen bis hin zu Diskussionen mit dem Partner.

Neun effektive Prinzipien wie aktives Zuhören und taktische Empathie, sorgen dafür, dass man privat und beruflich alles im Griff hat und immer überzeugt.

320 Seiten
Softcover
17,99 € (D) | 18,50 € (A)
ISBN 978-3-86881-656-3

www.redline-verlag.de

Wenn Sie **Interesse** an
unseren Büchern haben,

z. B. als Geschenk für Ihre Kundenbindungsprojekte, fordern Sie unsere attraktiven Sonderkonditionen an.

Weitere Informationen erhalten Sie von unserem Vertriebsteam unter +49 89 651285-154

oder schreiben Sie uns per E-Mail an:
vertrieb@redline-verlag.de

REDLINE | VERLAG